10대를 위한 사피엔스

Från apa till sapiens—Mänsklighetens historia

Copyright © Bengt-Erik Engholm(text) and Jonna Björnstjerna(illustrations),
Natur & Kultur 2020
All rights reserved.

No part of this book may be used or reproduced in any manner
whatever without written permission, except in the case of brief quotations
embodied in critical articles or reviews.

Korean Translation Copyright © 2021 by MiraeN Co., Ltd.
Korean edition published in agreement with Koja Agency through BC Agency, Seoul.

이 책의 한국어판 저작권은 BC에이전시를 통한 저작권자와의 독점 계약으로 미래엔에 있습니다.
저작권법에 의해 한국 내에서 보호를 받는 저작물이므로 무단전재와 무단복제를 금합니다.

10대를 위한 사피엔스

벵트 에릭 엥홀름 지음 · 요나 비에른셰르나 그림

김아영 옮김

한 번에 정리하는 인류 문명의 역사

차례

지구의 역사가 1년이라면?
11
진화와 혁명
12
우리는 모두 친척
13

머릿속에서 벌어진 혁명
16

농업의 시작
64

모두 다 함께
97

과학의 등장
124

돈, 인간, 우리의 미래
147

추천사

우리는 어떤 동물일까요? 왜 사람이라는 동물은 이렇게 태어나, 이렇게 살고 있을까요? 궁금하지 않나요?

《10대를 위한 사피엔스》에는 영장류의 탄생부터 고대 문명과 중세 시대, 근현대 국가들의 특징, 그리고 컴퓨터와 인공 지능의 발전에 이르는 광범위한 역사가 생물학, 역사, 인류학, 신학, 물리학을 넘나들며 자연스럽게 흘러갑니다. 이렇게 여러 영역이 맞물린 이야기는 세상을 폭넓게 이해하는 관점을 키워 주고, 한 가지 사상이나 역사관으로 세상을 바라본다면 무시될 수 있었던 사연들을 잊지 않고 조명합니다.

다채로운 인류의 역사를 쉽고 재미있게 훑는다는 것이 결코 만만한 일이 아닌데, 이 책은 그걸 해냈어요. 저는 하루 저녁 동안 이 책을 단숨에 읽어 내려가면서, 100만 년의 시간을 여행하는 굉장한 느낌을 맛보았어요. 여러분도 《10대를 위한 사피엔스》를 읽으며 전 세계 200개의 나라, 70억의 인구의 이야기를 경험하는 멋진 추억을 쌓길 바랍니다.

— 곽재식

100만 년 전, 인간은 동물과 똑같이 살았답니다. 그런데 우리의 상상력을 펼치게 만든 어떤 일이 벌어졌어요. 말하고 듣는 방법을 배운 거예요. 덕분에 서로의 생각을 나눌 수 있고, 협동하여 불가능한 것도 가능하게 만들었어요. 인류의 가장 큰 성취는 그에 대해 이야기를 함으로써 실현되었고, 엄청난 실수는 이야기를 나누지 않음으로써 저질러졌다죠. 앞으로는 달라질지도 몰라요. 지금 우리가 꾸는 꿈은 미래에 현실이 될 테니까요. 지금 우리는 가능성이 무한한 기술을 가지고 있어요. 지금 우리에게 필요한 것은 계속해서 말하는 것이랍니다.

— 스티븐 호킹
(Stephen Hawking)

온갖 것에 경외감을 느껴 보세요.
심지어 아주 일상적인 것에도요.
— 칼 폰 린네(Carl von Linné)

유인원부터 인간까지!

(이들이 어떤 관계가 있는지, 누가 누구의 친척인지
또 누가 알겠어요? 앞으로 더 많은

안녕!

오스트랄로피테쿠스 아파렌시스
약 390만~290만 년 전

호모 루돌펜시스
약 180만 년 전

호모 안테세소르
약 110만~70만 년 전

오스트랄로피테쿠스 아프리카누스
약 300만~200만 년 전

호모 에렉투스
약 189만~14만 3000년 전

호모 하빌리스
약 230만~140만 년 전

호모 에르가스터
약 180만~130만 년 전

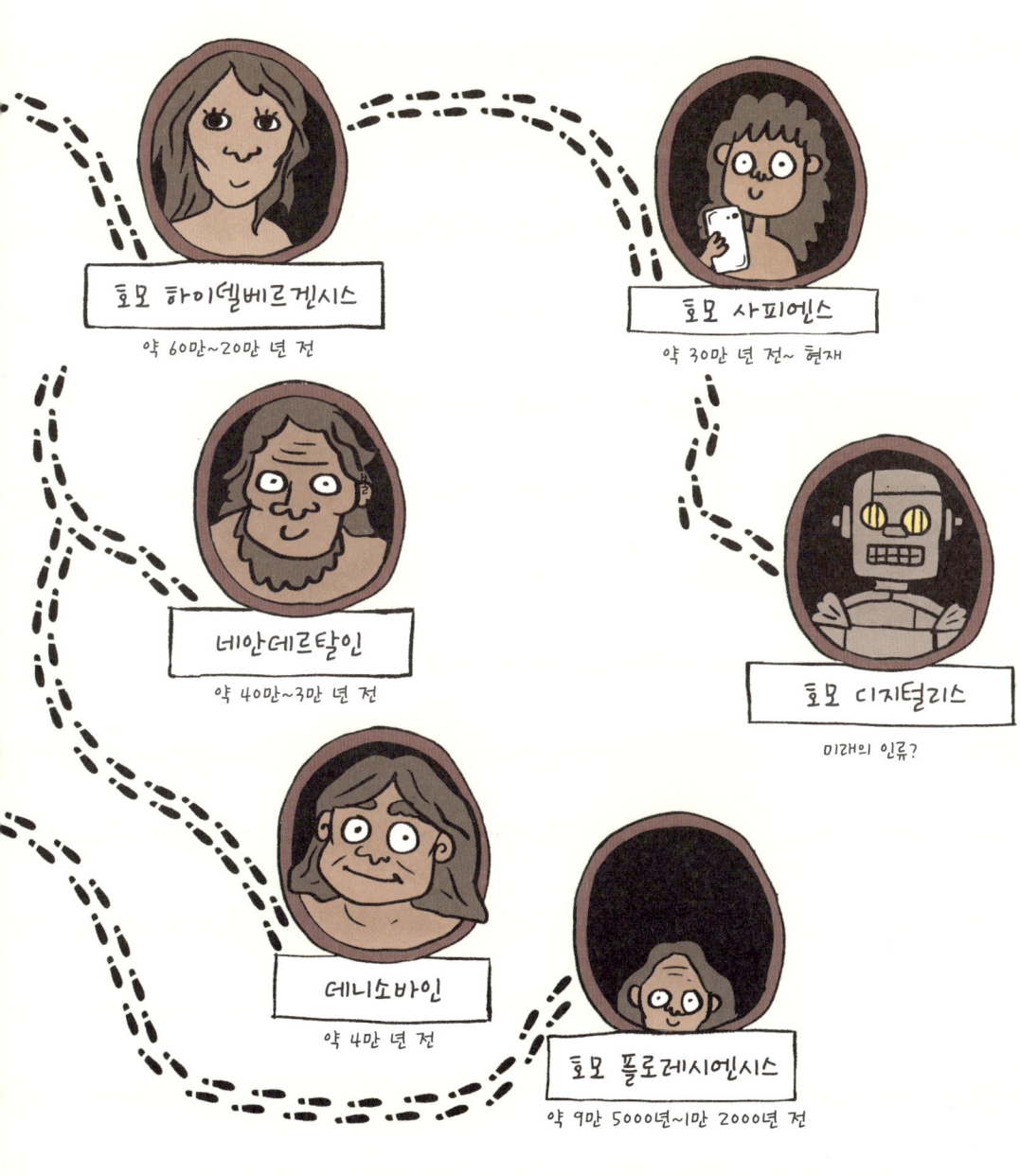

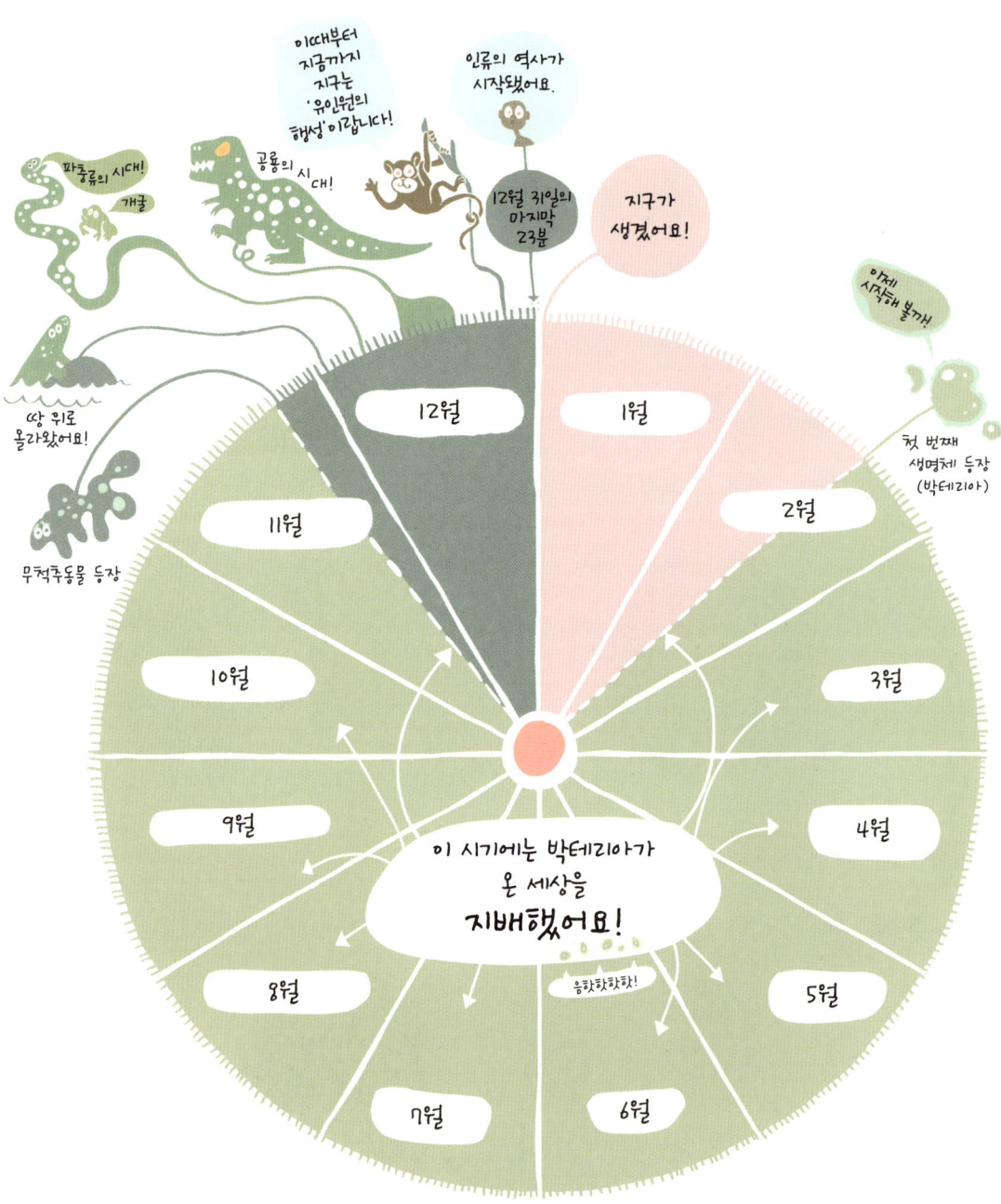

지구의 역사가 1년이라면?

　시간이라는 개념은 참 쉽지 않아. 초, 분, 시 그리고 일. 뭔지 알겠지? 주, 월, 년, 여기까지도 괜찮아. 그렇지만 수백 년 전, 수백만 년 전으로 넘어가면 점점 머리가 아파져. 지구가 45억 년 전에 만들어졌고, 우리와 같은 모습을 한 인류가 30만 년 전에 처음 나타났다는 건 상상하기도 어려워. 이 시기에는 1만 세대 이전의 할아버지와 할머니가 살았을 거야. 그러니까 엄마, 할머니, 할머니의 엄마, 할머니의 할머니……, 이런 식으로 9,996번을 더 거슬러 올라가면 돼.

　지구의 역사를 딱 1년으로 압축해서 상상해 볼까? 그렇다면 지구는 1월 1일 0시 0분에 생겨난 셈이야. 지구에서 태어난 첫 번째 생명체인 박테리아는 2월 17일에 나타났어. 그 이후로 박테리아 혼자 쭉 고독을 즐겼지. 무척추동물은 11월 23일에 태어났어. 12월 2일에는 몇몇 생명체가 땅 위로 기어 올라왔고, 12월 7일부터 파충류의 시대가 시작되었어.

　공룡은 12월 13일쯤에 처음 나타났는데, 실제로는 무려 2억 3000만 년 전의 일이야. 하지만 옆의 도표처럼 1년을 기준으로 보면, 공룡은 겨우 일주일만 산 셈이지. 몸집이 1미터가 넘는 동물은 모두 공룡이 멸종했을 때 함께 죽었대. 학자들은 오랜 기간에 걸쳐 공룡의 수가 서서히 줄었다고 말하지만, 가장 마지막까지 남아 있던 공룡들은 커다란 소행성이 지구와 부딪치면서 한꺼번에 사라졌어.

공룡이 멸종된 건 포유류에게 기쁜 소식이었어. 더 이상 무시무시한 적과 함께 살지 않아도 됐으니 말이야.

12월 26일에는 우리 선배라 할 수 있는 영장류가 나타났어. 인류는 12월 31일에 처음으로 세상의 빛을 봤지. 현생 인류*의 조상이라 할 수 있는 호모 사피엔스는 지구가 한 살이 되기 겨우 23분 전에 등장했어. 실제로는 20만~30만 년 전의 일이지만 말이야. 15분 뒤에 그들은 아프리카 북동쪽에서 아라비아반도로 이동하며 전 세계로 퍼져 나갔지.

지구의 역사와 비교하면 인류의 역사는 이렇게나 짧아. 하지만 인간은 그 짧은 시간 동안 엄청나게 많은 일을 해냈어.

진화와 혁명

인류의 발달은 아주 천천히 진행되었어. 유인원이 나무에서 내려와 풀밭에 누워 팔다리를 휘적거리고 두 발로 서서 걷게 된 것은, 어느 한

* 현재 생존하고 있는 인류와 같은 종에 속하는 인류

명이 갑자기 시작한 게 아니야. 이 과정은 아주 오랜 시간이 걸렸고, 우리는 이것을 '진화'라고 불러. 다시 말해, 진화는 오랜 기간에 걸친 생물의 변화를 말해.

진화는 크게 두 가지로 나눌 수 있어. 하나는 몸이 발달하는 생물학적 진화인데, 어디에서 어떻게 살았는지에 영향을 받아. 또 다른 진화는 사회적인 발달로, 다른 사람과 어떻게 소통하고 어울려 사는지, 인간, 집단, 사회가 어떤 식으로 발전했는지와 관련이 있어.

이따금 진화는 껑충 뛰어오르듯이 짧은 기간 동안 엄청난 변화를 일으킬 때가 있어. 우리는 이것을 '혁명'이라고 불러. 혁명은 사람들이 새로운 생각을 떠올리거나 새로운 이야기를 믿기 시작할 때 일어나.

우리는 모두 친척

생물은 종으로 분류할 수 있어. 다른 동물들은 종이 여러 개인 반면, 인간은 종이 딱 하나뿐이야.

인류는 약 400만 년 전, 아프리카 남부에 살던 유인원인 오스트랄로피테쿠스로부터 출발했어. 아, 물론 우리만 오스트랄로피테쿠스와 뿌리가 같은 것은 아니야. 이름에 '호모(Homo)'가 붙는 종은 모두 이들로부터 시작되었어.

10만 년 전만 해도 지구에는 서로 다른 여섯 종의 인류가 살았어. 하지만 오늘날까지 살아남은 건 호모 사피엔스뿐이지.

우리 조상들이 살던 곳이 다르기 때문에 지금 우리의 생김새는 제각각이야. 추운 북쪽에 사는 것과 따뜻한 남쪽에 사는 것은 천지 차이니까. 호모 사피엔스는 먹을 것을 찾아 이동하면서 그 지역에 적응했어. 어떤 호모 사피엔스는 한곳에 눌러 앉았지만, 여러 지역을 떠돌아다니는 호모 사피엔스도 있었지.

그동안 인류는 항상 쉬지 않고 움직였어. 이리저리 돌아다니면서 먹을거리와 새로운 사냥터를 찾고, 밭을 갈 수 있는 새 땅을 탐색하거나 일자리를 얻어 안정적인 삶을 살 수 있는 기회를 찾아 나섰지. 가끔 다

른 사람을 공격해서 땅을 빼앗
고, 기후 변화를 피해 이동하
고, 굶주림과 전쟁으로부터
달아나기도 했어. 우리의 먼
조상들은 이렇게 살았어.
오늘날 인간도 크게 다르지 않지만 말이야.
아, 순수한 호기심이나 모험심 때문에 사는 곳을 옮기
는 이들도 있지.

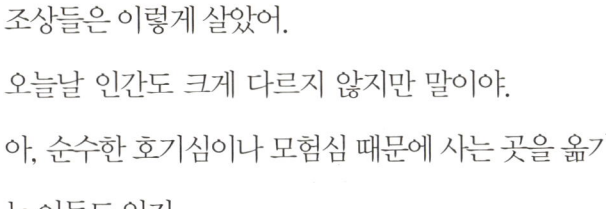

우리 인류의 아주 먼 조상뻘 되는 할머니는 30만 년 전에 아프리카에 살았어. 우리는 호모 사피엔스로, 모두 친척 관계라 할 수 있지.

태초의 어머니

머릿속에서 벌어진 혁명

나무에서 내려오다

아주 먼 옛날에는 아프리카 대륙이 숲으로 빼곡하게 덮여 있었어. 이때 유인원은 나무를 타고 이동했지. 가장 안전하고 빠른 이동 방법이었거든.

그런데 기후가 건조해지기 시작하더니, 울창했던 숲이 사라지면서 초원과 사막으로 변하지 뭐야.

나무의 수가 빠르게 줄어들면서 몇몇 유인원들은 땅으로 내려와 걷기 시작했어. 처음에는 팔과 다리를 모두 사용했지만 이윽고 두 다리로 걸었지. 앞으로 나아가기에는 팔다리로 어기적거리는 것보다 두 다리로 걷는 것이 훨씬 편했거든. 두 다리로 걷는 데 익숙해지면서 점점 더 빠르게, 점점 더 멀리 이동할 수 있게 되었어.

나무에서 내려오니 적에게 쉽게 발각될 수 있다는 단점이 있었지만,

장점이 더 많았어. 들판에 서 있으면 주변에서 무슨 일이 벌어지고 있는지 잘 알 수 있기 때문에 위험을 다스리기 더 쉬웠거든.

자유로워진 손

인류는 두 다리로 걷기 시작하면서 손을 마음대로 이용할 수 있었어. 손을 이동하는 데 사용하는 대신, 물건을 들거나 돌을 던질 때 썼지. 염소와 산양을 뒤쫓을 때 동료에게 사인을 보낼 수도 있고 말이야.

인류는 손과 손가락을 보다 섬세하게 쓸 수 있게 되면서 도구를 만들기 시작했어. 고고학자들이 발견한 최초의 도구는 무려 250만 년 전에 만들어진 것이라고 해.

야호, 얘들아! 저기 있다!!

무겁지만 똑똑한 뇌

인류는 두 발로 걷고 도구를 사용하면서 뇌도 발달했어. 그에 따라 뇌의 크기도 점점 커지고 무거워졌지.

하지만 몸은 어깨 위에 묵직한 머리를 얹고 걸어 다니는 데 맞추어 발달하지 않았어.

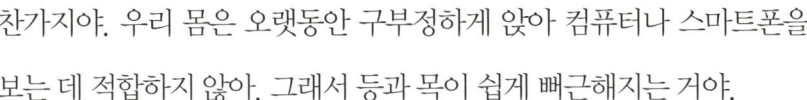

이건 오늘날에도 마찬가지야. 우리 몸은 오랫동안 구부정하게 앉아 컴퓨터나 스마트폰을 보는 데 적합하지 않아. 그래서 등과 목이 쉽게 뻐근해지는 거야.

인류는 뇌가 커지면서 생각이 많아졌고 에너지도 많이 필요해졌어. 그래서 먹을거리를 찾는 데 많은 시간을 할애했지. 먹고, 움직이고, 뇌를 단련하는 놀이를 하면서 점점 똑똑해졌어.

인간과 동물

　인간과 동물은 어떤 차이점이 있을까? 인간은 보다 나은 삶을 살기 위해 계획하고, 그 계획을 이루기 위해 협력을 하지. 반면 다른 동물들은 더 나은 삶을 계획하고 협력하는 능력이 인간처럼 뛰어나지 않아. 인간의 뇌가 본격적으로 진화하기 시작하자, 인간을 막아설 수 있는 것은 아무것도 없었어.

　게다가 인간의 상상력은 끝이 없어. 덕분에 우리는 살아남을 수 있었고, 거대한 문명을 갖춘 사회를 이룩하고, 더 나아가 복잡한 발명품도 만들 수 있었던 거야.

진화의 신비

 인류는 두 다리로 서서 걷기 시작하면서 골반이 점점 좁아졌어. 이 때문에 엄마 배 속에서 아기가 나오는 길이 좁아지면서, 출산할 때 엄마와 아기 모두 죽음을 감수해야 할 만큼 위험이 커졌지. 엄마가 아기를 낳을 때 엄청 힘들어 하는 이유를 알겠지?

 하지만 그때, 또 진화가 이루어졌어. 엄마는 아기의 머리가 너무 커지기 전에 일찍 출산하게 된 거야. 그래서 인간은 다른 동물의 새끼와 달리 준비가 덜 된 채로 태어나 보호자의 돌봄이 필요해.

공동생활

인류는 과거에 10명에서 100명 정도가 대가족처럼 무리 지어 살았어. 무리 지어 살면서 함께 음식을 마련하고, 도구를 만들고, 아이와 노인을 돌보았지. 여러 명이 모여 살면서 힘을 합치니 끔찍한 자연재해와 야생 동물로부터 스스로를 보호하기도 더 쉬워졌어.

그래서 인류는 이후에도 혼자 사는 대신 다른 사람과 가까이 모여 살면서 어울려 지내는 걸 선택한 거야. 여러 사람과 알고 지낸다는 사실은 사람들에게 안정감을 주었어.

당시 한 사람이 살면서 평생 볼 수 있는 다른 사람의 수는 100명이 채 안 됐을 거라고 해.

인류를 지켜 준 불

　불이 없었다면 인류는 살아남지 못했을 거야. 호모 사피엔스의 조상이 처음 불을 길들인 것은 무려 100만 년 전이었어. 그들은 번개가 친 뒤 나무에 불이 붙고, 돌끼리 부딪칠 때 불꽃이 튀는 것을 발견했어. 마른 잔가지와 부스러기에 불이 쉽게 붙는 것도 알아챘지.

　그렇게 발명된 모닥불은 사람들을 따뜻하게 해 주고, 깜깜한 밤을 밝히며, 무서운 야생 동물로부터 안전하게 지켜 주었어. 또 사냥을 하기 위해 숲에 불을 질러 너른 땅을 만들기도 했어. 이때 운이 좋으면 동물이나 땅콩, 호두 등이 불에 잘 볶아진 채로 발견되었을지도 몰라. 아마 그날 인류 최초의 바비큐 파티가 벌어졌겠지?

　사람들은 불로 음식을 조리하는 방법을 알게 되었어. 불로 조리한 음식은 먹기 좋았고 소화도 잘 되었지. 불에 익혀 박테리아와 기생충을 죽인 덕분에 음식에서 얻을 수 있는 영양분은 더 많아졌

고, 조리한 음식은 날것보다 더 오래 보관할 수 있었어. 덕분에 인간의 뇌는 많은 에너지를 흡수하며 발달했어.

인류의 이름

수천 년 전에는 우리 인류를 뭐라고 불렀을까? 글쎄, 아무도 모르지. 모든 종에 이름을 붙이기 시작한 지는 불과 300년밖에 지나지 않았거든. 호모(Homo)는 '인간', 에렉투스(Erectus)는 '똑바로 서 있다'는 뜻이야. 그래서 학자들은 똑바로 서서 걸었던 인류에게 호모 에렉투스라는 이름을 붙였어. 사실 우리의 아주 먼 조상인 '남쪽의 원숭이' 오스트랄로피테쿠스도 두 다리로 걸었다는 사실이 밝혀지긴 했지만 말이야.

네안데르탈인은 독일 네안데르 계곡에서 이들의 흔적이 발견되어 붙여진 이름이야.

오늘날 우리의 직접적인 조상인 호모 사피엔스는 '지혜로운 인간'이라는 뜻이야. 이 이름은 1758년에 스웨덴의 생물학자 칼 폰 린네가 지었는데, 그다지 겸손한 이름은 아닌 것 같아.

2008년에 또 다른 인류의 흔적이 발견되었어. 바로 데니소바인이야. 시베리아의 데니소바 동굴에서 이들의 흔적이 발견되었기 때문에 붙여진 이름이지. 데니소바인과 네안데르탈인은 서로 가까운 곳에 살면서 자식을 낳기도 했대.

작은 사람들이 사는 섬

2003년 인도네시아의 플로레스섬에서 한 여성의 해골과 여러 사람의 뼈가 발견되었어. 뼈를 분석한 결과, 사람들의 키는 고작 1미터에 불과했지. 학자들은 이들에게 호모 플로레시엔시스라는 이름을 붙여 주었는데, 약 1만 2000년 전까지 살았던 것으로 추정돼. 먹을 것이 부족한 섬에서 살다 보니 몸집이 작았던 게 아닐까 추측하고 있어.

학자들은 이 섬에서 작은 코끼리의 뼈도 발견했어. 이 스테고돈*의 키는 호모 플로레시엔시스의 키와 비슷했어. 정말 흥미롭지 않아? 같은 지역에서 몸집이 비슷한 사람과 코끼리 화석이 발견되었다는 것은 기후, 환경, 그리고 먹을거리가 진화에 큰 영향을 미친다는 증거잖아.

* 동아시아 등지에서 발견된 코끼릿과의 화석 동물

인류는 자신이 사는 장소와 환경에 맞춰 변화했어. 아, 물론 이런 변화는 수천 년에 걸쳐서 이루어진다는 점을 잊지 마.

먹고살기 힘드네!

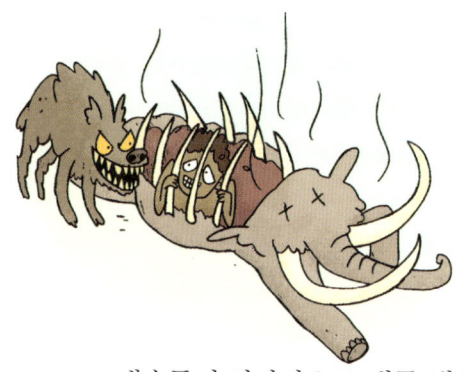

인류는 과거에 사냥하고 채집을 하며 살았어. 뿌리채소와 과일을 구해서 먹고, 곤충이나 개구리를 잡아먹기도 했어. 죽은 동물을 먹는 경우도 있었어. 맹수들이 사냥감으로 배를 채우고 자리를 뜨면, 남은 사체를 독수리와 나눠 먹었지. 이럴 때는 하이에나가 오는지 계속 살펴야 했어. 운이 나쁘면 하이에나에게 잡아먹힐 수도 있으니까.

40만 년 전부터 우리 조상은 사냥 도구를 만들고 무리 지어 다니면서 큰 동물을 잡았어. 하지만 사람 하나쯤은 쉽게 해치우는 맹수를 만날까 봐 두려움에 떨기도 했지. 그때만 해도 먹이 사슬의 맨 꼭대기에 있는 맹수와 달리, 우리 인류는 살아남기 위해 애쓰는 다른 약한 동물들과 처지가 같았거든.

사냥을 나갔다가 매머드를 잡은 날이면 며칠 동안

굶을 걱정을 하지 않아도 됐어. 먹을거리가 충분할 때에는 아끼지 않고 잔뜩 먹어 두었지. 지금이야 먹고 싶은 것을 골라 먹을 수 있지만, 그때는 주어진 것을 먹을 수 있는 것만으로도 감지덕지였어.

세계에 퍼진 인류

15만 년 전에는 여러 종의 인류가 살았어. 하지만 지금처럼 인구수가 많지는 않았어. 유럽부터 인도네시아섬에 이르는 지역을 통틀어 고작 100만 명 정도가 살았을 거야. 오늘날 서울 인구의 10분의 1 정도지.

당시에 아메리카 대륙에는 아무도 살지 않았어. 아메리카 대륙에서는 1만 5000년 전부터 인류가 살았던 것으로 추정돼. 아시아에 언제부터 인류가 살기 시작했는지는 아직 밝혀지지 않았어.

호모 사피엔스는 아프리카에서 살다가 12만 5000년 전부터 5만 년 전까지 여러 차례에 걸쳐 아라비아반도와 중동으로 이동했어. 그때부터 호모 사피엔스의 모습은 오늘날 우리의 모습과 비슷해졌지. 만약 그 당시의 호모 사피엔스가 요즘 유행하는 옷을 입고 있다면 우리는 알아차리지 못할 수도 있어.

상상하는 힘

뇌가 발달하면서 인류는 이전보다 지능이 발달했어. 기억도 잘하고 언어도 풍부해졌지. 게다가 눈에 보이지 않는 것을 상상하는 힘도 생겼어.

이런 변화가 있기 전에는 사자가 진짜로 나타난 뒤에야 "조심해!"라고 외쳤어. 하지만 수천 년이 지난 뒤, 인류는 점점 똑똑해지면서 전에 벌어졌던 일을 기억하고 다른 사람에게 이야기해 줄 수 있게 되었지.

"해 질 녘 물가에는 사자가 자주 나타나니까 저녁에는 특별히 조심하렴." 하고 말이야.

협력이 짱이야!

언어가 발달하고 머릿속에 더 많은 정보를 담을 수 있게 되면서, 인간은 다른 사람과 의사소통을 하며 협력할 수 있게 되었어. 큰 집단을 이루어 사는 생활에 만족했고, 서로를 돌보며 지냈지. 이제 다른 사람과 일하는 것에도 익숙해져서, 아는 사람은 물론이고 낯선 사람과도 협력할 수 있었어.

인간은 벌, 개미, 늑대, 침팬지 같은 동물보다 협력하는 능력이 훨씬 뛰어나. 오늘날 연구를 통해 많은 동물들이 예상보다 의사소통을 잘한다는 사실이 밝혀졌지만, 인간만큼은 아니야. 다른 동물도 협력할 수 있지만 같은 무리에 속한 동물끼리 힘을 합치지.

우리는 인류의 이러한 발달을 '인지 혁명'이라고 불러. 인지는 뇌 속에서 벌어지는 일과 관련이 있어. 생각하고, 배우고, 정보를 분류하

고 저장하는 과정을 모두 아우르는 말이야. 이 모든 것이 호모 사피엔스에게는 엄청난 변화였다고.

정확히 무엇 때문에 인지 혁명이 일어났는지에 대해서는 아직 아무도 밝혀내지 못했어. 하지만 뇌가 발달한 덕분에 인류는 지구에 있는 그 어떤 동물보다 강력해졌지. 결국 약 10만 년 전, 인류는 먹이 사슬의 맨 꼭대기를 차지하게 되었어.

앞으로도 계속 이야기를 나누고 협력한다면, 우리 호모 사피엔스는 지구에서 영원히 일인자가 될 수 있을 거야.

우리가 왕이야!

인류가 먹이 사슬의 맨 꼭대기에 발을 디딘 다음 어떤 일이 벌어졌을까? 맞아, 다른 동물의 씨를 말려 버렸지. 살아남기 위해서는 다른 생명을 잡아먹어야 했으니까.

다른 동물들은 이런 변화를 재빨리 따라잡지 못했어. 인류를 적으로 생각하지 않고 무방비한 상태로 있었던 거야. 한마디로 진화가 다른 동물을 배신한 셈이야. 동물들에게는 인류를 상대할 만한 새로운 엄니, 뿔, 송곳니, 독이나 보호색이 생길 시간이 충분하지 못했어.

이후 인류는 더욱 전략적으로 먹을거리를 찾아 나섰어. 게다가 불로 음식을 조리하고, 오랫동안 저장하는 법도 익혔고 말이야. 이러한 지식

 과 도구 덕분에 인류는 누구도 위협할 수 없는, 아니, 오히려 다른 종을 위협하는 존재로 자리 잡았어.

 당시 호주 대륙에는 몸무게가 50킬로그램 이상 나가는 동물이 24종이나 있었는데, 인류가 호주로 진출한 지 불과 몇천 년 만에 23종이 멸종해 버렸대.

소문의 중요성

인류는 언어 능력이 발달하면서 재미있는 이야기를 주고받기 시작했어. 허풍을 치고, 과장하거나 농담도 하고, 다른 사람에 대한 소문을 퍼뜨리기도 했어.

소문은 아주 중요했어. 누가 누구를 좋아하는지, 누가 서로 사이가 나쁜지, 믿을 만한 사람은 누구인지 알아서 나쁠 게 뭐가 있겠어? 함께 일을 할 때는 다른 사람에 대해 많이 알수록 더 유리하니까 말이야.

지금도 우리가 수다를 떨 때 가장 많이 이야기하는 건 소문에 대한 것이야. 소문은 예나 지금이나 비슷한 역할을 해. 바로 조직에 대한 소속감을 높이는 거지.

인류의 발명품

인류는 여러 가지 발명을 했어. 그중에는 배, 기름 램프, 활, 바늘 등이 있지.

바늘을 발명한 덕분에 옷을 쉽게 만들 수 있었고, 기름 램프가 있어서 장작이 없더라도 어둠을 밝히고 동굴을 탐험할 수 있었어.

활도 훌륭한 발명품이야. 활과 화살만 있으면 멀리서도 맹수를 사냥할 수 있잖아.

배를 타면 강이나 바다를 건널 수 있어. 이미 4만 5000년 전에 인류는 배를 타고 낯선 대륙인 호주로 향했지. 이후 인류는 지구 곳곳으로 퍼져 나갔어. 수평선 너머에 무엇이 있는지도 모른 채 바다를 항해했지. 그 시절에는 지도 같은 것도 없었지만, 인류는 상상의 나래를 펼치며 다른 세계로 가는 모험에 도전했어.

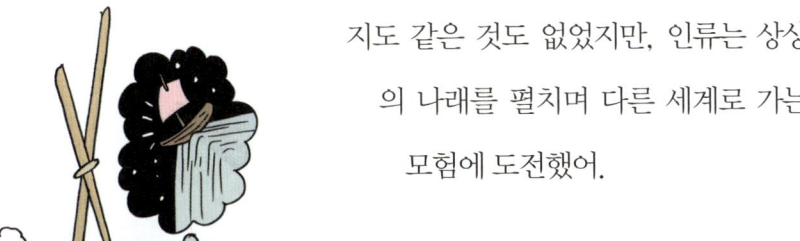

친구일까, 적일까?

호모 사피엔스는 전 세계 구석구석으로 퍼져 나갔어. 유라시아 대륙에서 서북쪽으로 계속 나아갔고, 동쪽으로는 오늘날의 중국을 향해 뻗어 나갔어.

이동하는 중에 다른 인간 종족도 만났을 텐데, 그때 어떤 일이 벌어

졌을지 궁금하지 않아? 원래 그곳에 살던 사람들은 자기 땅을 밟은 호모 사피엔스에게 호기심을 품고 따뜻하게 맞이해 주었을까? 아니면 적대적으로 대했을까?

실제로 투쟁과 전쟁이 있었다는 증거가 여럿 발견되었어. 심지어 동족끼리 잡아먹었다는 증거도 있어. 당시 사람들은 남녀노소를 가리지 않고 때렸대. 여자와 아이를 때리는 게 잘못된 행동이라고 여겨진 건 아주 한참 후의 일이야.

한 가지 확실한 건 호모 사피엔스가 네안데르탈인과 데니소바인 모두와 동침하여 아이를 낳았다는 사실이야. 덕분에 인류의 유전자가 풍성해졌고, 낯선 땅에서도 쉽게 적응하고 살아남을 수 있었지.

네안데르탈인에 관한 오해

학자들은 오랫동안 네안데르탈인이 최초의 혈거인*일 것이라 생각했어. 네안데르탈인이라는 이름이 붙여지기 전, '바보 같은 사람'이라는 뜻의 호모 스투피두스가 이름 후보로 거론될 정도로 그들은 지능이 낮았을 거라는 오해도 많이 받았어.

하지만 이후 여러 학자들이 연구한 덕분에 오늘날 우리는 네안데르탈인에 대해 더 잘 알게 되었어. 사실 네안데르탈인은 죽은 사람을 땅에 묻고, 무덤에 선물을 가져다 두기도 했대. 죽음 이후에도 삶이 있을 거라고 믿었던 거야. 이런 걸 보면 네안데르탈인에게 종교가 있었을지도 모르겠네.

* 동굴에 거주하는 사람

심지어 스페인에서 발견된 동굴 벽화가 호모 사피엔스가 아닌 네안데르탈인의 작품이라고 주장하는 학자들도 있어. 게다가 네안데르탈인이 언어를 사용했다는 연구 결과도 있지.

이들은 호모 사피엔스와 함께 아이를 낳아 길렀으니 우리의 몸속에는 네안데르탈인의 유전자가 흐르고 있을지도 몰라.

멸종 위기

7만 5000년 전 즈음에 인도네시아의 토바 호수에서 엄청난 화산 폭발이 있었어. 재와 연기가 온 하늘을 까맣게 뒤덮자 기온이 급격하게 떨어진 후, 아주 오랜 기간 동안 낮게 유지되었어. 기후 재앙이었지. 6600만 년 전에 소행성 충돌로 공룡이 멸종했던 것처럼, 화산 폭발로 인해 호모 사피엔스도 멸종할 뻔한 거야.

당시 겨우 4000명에서 2만 명 정도만 살아남았는데, 이때 살아남은 사람들이 바로 우리의 조상이야. 이때 활발하게 진행됐던 인류의 이동도 잠시 멈췄어.

그 후 수천 년이 지나고, 아프리카 북부에 차가운 비가 거세게 내리면서 인간의 삶은 더욱 가혹해졌어. 인류는 살아남기 위해서 이주할 수밖에 없었지.

남보다 못한 친척

 네안데르탈인은 수천 년 동안 유럽과 중동 지역에 살았어. 그런데 어느 날 갑자기 호모 사피엔스라는 전혀 새로운 인간 종이 나타난 거야. 이들은 네안데르탈인보다 협력도 더 잘 하고 유용한 도구도 만들어 낼 줄 알았어. 당연히 사냥과 채집 실력도 더 나았고, 아이도 더 많이 낳았지.

 호모 사피엔스의 수가 많아지면서 네안데르탈인은 먹을거리를 찾기가 어려워졌어. 세대가 거듭될수록 네안데르탈인의 수는 점점 줄어들었고, 결국 3만 년 전에 완전히 자취를 감췄어.

네안데르탈인은 그렇게 이주민들에게 완전히 밀려나 버린 걸까? 아니면 호모 사피엔스와 섞여 하나가 되었을까? 호모 사피엔스는 전쟁을 좋아하니까 어쩌면 네안데르탈인을 모조리 죽여 버렸을지도 몰라.

인류의 역사를 살펴보면 나와 다른 상대에게 두려움을 느낀 사례는 꽤 많아. 낯선 언어, 이질적인 피부색이나 신앙, 다른 삶의 방식을 가졌다는 이유로 상대방을 괴롭히거나 죽이기도 했지. 인류의 역사가 항상 아름답기만 한 것은 아니었어.

믿음

인간은 시대를 막론하고 항상 이 세상이 어떻게 만들어졌는지 궁금해했어. 죽은 뒤에는 어떤 일이 벌어지는지, 왜 아침이 되면 해가 뜨는지 끊임없이 질문을 던졌지.

이러한 상상력을 바탕으로 사람들은 세상 만물이 창조된 이야기와 신화를 만들어 냈어. 창조 이야기도 그런 이야기 중 하나야.

어떤 사람들은 모든 사물에 영혼이나 정신이 깃들어 있다고 믿었어. 주변의 모든 것이 살아 있다고 생각하는 거야. 이것을 애니미즘이라고 불러.

우리 조상들은 자연에 깃든 영혼을 달래고 자신의 땅과 가족이 번성하길 빌면서 제물을 바쳤어. 자연이 원하는 것을 바치면서 그 대가로 우리에게 상냥하게 대해 주길 바랐지.

어떤 사람은 순록의 영혼에게 제물을 바쳤어. 그러면 순록의 영혼이 인간에게 사냥감은 물론, 동물의

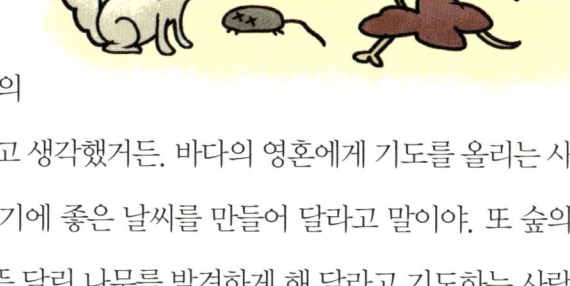

가죽과 뿔을 줄 거라고 생각했거든. 바다의 영혼에게 기도를 올리는 사람도 있었어. 낚시하기에 좋은 날씨를 만들어 달라고 말이야. 또 숲의 영혼에게 열매가 잔뜩 달린 나무를 발견하게 해 달라고 기도하는 사람도 있었어.

사람들은 자연과 초인적인 힘을 기리고 찬양하는 의식을 치르고 춤, 그림, 음악을 만들었어. 덕분에 우리 삶은 더욱 안정적으로 자리 잡았어. 생명과 인간에 대한 근본적인 질문에 대해 답할 수 있었거든. 우리가 어디서 왔는지, 죽은 이후에는 어디로 가는지, 더불어 먹고사는 문

제에 대한 모든 질문을 신화와 의식으로 설명할 수 있었어.

당시 사람들은 널리 퍼져 살았기 때문에 세상과 삶, 그리고 인간을 보는 시선도 수천 가지가 있었어. 때때로 다른 사람과 만나 서로의 생각과 믿음에 대한 이야기를 나누면서 관점이 조금씩 바뀌기도 했지.

상상력과 예술

인류 최초의 예술 작품을 살펴보면 우리 선조들에게도 상상하는 능력이 있었다는 것을 짐작할 수 있어. 초기 예술 작품 중에 3만 2000년 전에 만들어진 상아 조각품이 있어. 이 작품은 독일의 한 동굴에서 발견되었는데, 사자 머리를 한 인간의 모습을 하고 있어. 영혼이나 신의 모습을 표현한 작품으로 알려져 있지. 어쩌면 이 사자 인간은 상상으로 만든 최초의 괴물일지도 몰라. 그러고 보니 괴물과 영혼은 사람의 상상력만큼이나 역사가 오래되었네.

이외에도 세계 곳곳에서 아주 오래전에 만들어진 다양한 조각품이 발견되었어. 이 중에는 여성의 모습을 본뜬 조각도 있는데, 이것을 통해 당시 사람들이 여신에게 기

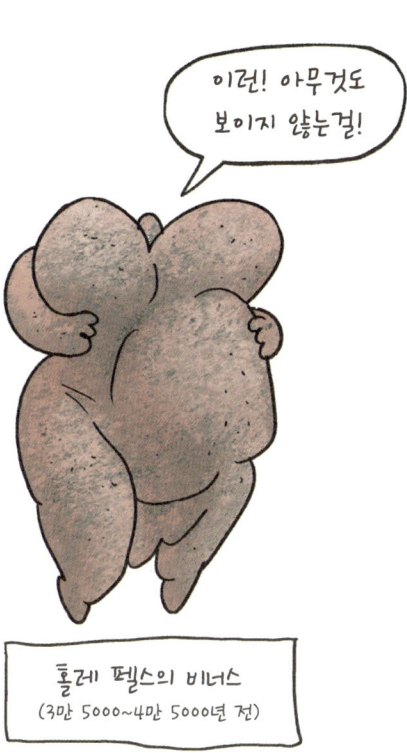
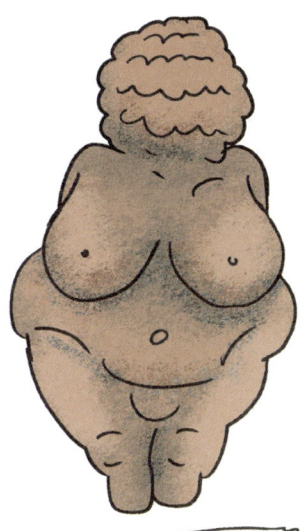

도를 드렸다는 것을 알 수 있지.

사람들은 곧잘 지구를 어머니의 품에 비유하곤 하는데, 그건 당연한 거야. 우리 모두 여성의 몸을 통해 태어나니까 말이야. 인간은 아주 오래전부터 우리가 살고 있는 세상과 모든 생명이 태초의 어머니로부터 시작되었다고 생각했던 것 같아.

놀이하는 인간

인류가 오로지 신에게 잘 보이기 위해서 예술을 한 것은 아니야. 인간은 항상 본능적으로 놀이를 즐기고 창의력을 발휘했어. 한마디로 무언가를 만들고자 하는 욕구가 있다는 말이야.

나는 글을 쓰는 것이 재미있어서 책을 쓰고 있어. 여러분 중에는 그림을 그리거나 작곡하는 것을 좋아하는 사람이 있을지도 몰라. 이런 창작 활동을 하면 행복해지고, 내가 만든 것을 다른 사람들이 좋아해 주면 기분이 날아갈 듯하지? 예술은 보이지 않는 것을 상상할 수 있도록 도와주고, 정신세계를 확장시켜 줘.

인류는 자신이 존재한다는 사실을 드러내기 위해서 예술을 이용하기도 했어. 예술 작품 그 자체가 내가 존재하는 증거인 셈이지. 아르헨티나 남부에 있는 동굴 벽에서 발견된 '리오 핀투라스 암각화'도 그런 이유로 만들어졌을 거야. 동굴 벽에 손을 대고 그 위에 잉크를 뿌려서

만든 그림은 정말 환상적이야. 이 수백 개의 손 그림은 9500년 전에서 1만 3000년 전 사이에 만들어진 것으로 추정되고 있어.

이처럼 아주 먼 옛날부터 인류는 자신의 물건과 공간을 그림과 패턴으로 장식했어. 우리는 원래 아름다운 것을 좋아하잖아.

신의 등장

최초의 신은 땅, 태양, 달, 별을 다스리고, 바람, 비, 추위, 더위, 천둥 같은 자연의 힘도 마음대로 주무를 수 있었어. 온화한 신도 있었지만 무시무시한 신도 있었지. 인류는 이러한 신의 힘에 이름을 붙이고 신화를 만들어 냈어. 신이 마치 사람처럼 실제로 존재한다고 느낄 수 있도록 말이야. 또 모든 일에는 의미가 있고, 그 일이 일어난 데에는 신의 의지가 있을 거라고 믿었어. 우리 삶에 강력한 영향력을 미치는 어떤 것이 있다고 생각했던 거야. 인류는 신화를 통해 세상 만물이 어떻게 만들어졌는지, 누가 자연의 힘을 다스리는지에 대해 설명하고 싶어 했어.

그렇게 만들어진 이야기는 우리에게 삶과 죽음, 그리고 세상의 의미를 알려 주었고, 나중에는 이야기 자체에도 의미가 생기게 되었어. 이러한 이야기는 종교, 문화, 예술 그리고 새로운 사고방식의 기반이 되었단다.

무덤에 담긴 이야기

초기 종교에 대해서는 알려진 내용이 별로 없어. 어떤 기록도 남아 있지 않거든. 종교에 대한 내용을 담은 문서는 한참 후에나 등장해. 그 전에는 입에서 입으로, 어른이 아이들에게 들려주며 세대를 거듭해 전해졌어.

인류는 죽음 이후에도 삶이 이어진다고 믿었어. 죽은 사람의 무덤에서 함께 발굴된 물건들이 그 증거야. 무덤 안에는 죽은 사람이 천국으로 향하는 길에 가지고 가면 좋을 법한 물건들이 함께 묻혀 있었고, 조각품이나 동굴 벽화가 발견되기도 했어. 이런 것들을 보면 당시에 사람들이 무엇을 중요하고 성스럽게 여겼는지도 알 수 있지.

이야기를 통해 삶과 죽음이란 무엇인가에 대한 답을 찾고, 같은 답을 믿는 사람끼리 서로 끈끈하게 뭉칠 수 있어.

사는 곳과 언어

인류는 생존을 위해 다른 사람과 협력하며 지낼 수밖에 없었어. 그래서 언어가 발달한 거야. 언어 덕분에 우리는 다른 사람과 원활하게 소통하며 강력한 종으로 거듭날 수 있었어.

석기 시대에는 각기 다른 언어와 종교를 가진 집단이 수천 개나 있었어. 어디에서 어떻게 사는지에 따라 사용하는 단어가 다르고, 언어의 발달 과정도 차이가 났어.

사는 곳이 따뜻한지 추운지, 또는 숲에서 살았는지 고원에서 살았는지, 아니면 해변에서 살았는지 등이 결정적인 요인이었어. 어떤 집단에서는 눈과 관련된 단어가 많은 반면, 바다와 관련된 단어가 다양한 집단도 있었지.

다양한 언어

꽤 오랜 시간 동안 수많은 부족이 살 땅은 충분했어. 인류는 1만 2000년 전 즈음부터 농사를 짓기 시작했는데, 그전까지 지구에 총 500만~800만 명 정도의 사람들이 살았거든. 오늘날 전 세계 인구가 80억 명 가까이 되는 것과 비교하면 정말 소소한 숫자지?

그 시절 얼마나 다양한 언어가 존재했는지 여러분은 상상도 할 수 없을 거야. 시간이 흐르면서 당시에 사용했던 언어는 대부분 사라졌고, 서로 다른 언어끼리 섞여서 새로운 언어가 탄생하기도 했어. 오늘날에는 지구상에 5000개 이상의 언어가 사용되는 것으로 알려져 있어.

교환

여러 부족은 서로의 지역을 오가며 살았어. 서쪽으로 160킬로미터나 떨어진 바닷가에 있던 돌과 조개껍데기가 내륙 깊은 곳에 위치한 호수에서 발견된 것만 봐도 알 수 있지. 아마 돌과 조개껍데기는 여러 사람의 손과 손을 거치며 먼 거리를 이동했을 거야. 바로 물물교환을 통해서 말이야. 아, 어쩌면 훔친 물건이거나 전리품일 수도 있으려나?

어쨌든 다른 부족끼리 만나서 서로 물건만 주고받지는 않았겠지? 그들은 서로 근황을 이야기하면서 이런저런 대화를 통해 전통과 종교, 문화를 나누었을 거야. 새로운 이야기를 듣고 자신의 관점과 삶의 방식을 바꾸기도 했을 테고 말이야. 다른 부족의 사람과 사랑에 빠져 아이를 낳기도 했겠지? 덕분에 인류는 긴 시간 동안 살아남을 수 있었어.

계속되는 방랑

당시 대부분의 사람들은 정해진 거주지 없이 계절의 변화에 따라, 또는 사냥하는 동물을 따라 넓은 지역을 돌아다니는 방랑 생활을 했어.

구성원 수가 늘어나 부족의 규모가 커지면 다시 여러 개의 작은 무리로 나뉘어 흩어졌지. 이런 식으로 인류는 전 세계로 퍼져 나간 거야.

한 연구에 따르면 호모 사피엔스가 처음으로 아프리카를 떠나 중동으로 이동하고, 그들의 자손이 중국 땅에 이르기까지는 약 1만 년 정도 걸렸을 거라고 해.

이동하는 중에 몇몇은 먹을거리가 풍족한 지역에 자리를 잡기도 했어. 호모 사피엔스가 최초로 정착한 지역 중 하나가 인도네시아의 어느 어업 도시인데, 그게 무려 4만 5000년 전의 일이야.

우리를 하나로 만들어 주는 이야기

사람들이 모닥불 앞에 모여 앉아 서로 이야기를 나누는 모습을 상상해 봐. 이제 그들이 나눈 이야기는 모두가 함께 공유하는 이야기가 되었을 거야. 이야기는 사회와 문화가 발전하는 데 중요한 역할을 해. 바로 집단을 결속시키는 역할 말이야.

요즘에는 대화뿐만 아니라, 다른 종류의 이야기도 이런 역할을 할 수 있어. 같은 드라마와 영화를 보고, 같은 책을 읽고, 같은 게임을 하면 쉽게 공감대를 이룰 수 있잖아.

여러분이 영국 맨체스터 유나이티드의 팬이라면 같은 구단을 응원하는 사람을 만났을 때 서로 국적이 달라도 쉽게 유대감을 느끼겠지? 다른 사람과 협력할 일이 있거나 상대방이 어떤 사람인지 빨리 파악하고 싶으면 서로 같은 이야기와 믿음을 공유해 봐. 훨씬 수월해질 거야.

우리 세상을 이루고 있는 거의 모든 것은 이런 식으로 만들어졌어. 이를테면 해도 되는 것과 하면 안 되는 것을 정한 법과 규칙 같은 것 말이야. 이야기를 통해 사람들은 무엇이 옳고 그른지를 구분할 수 있게 되었지.

만들어진 이야기

국가나 단체, 회사, 조직처럼 인류를 결속시켜 주는 거의 모든 것은 인간이 만들어 낸 거야. 한마디로 인간의 머릿속에서 나온 것들이라고. 또 있지도 않은 신에 대한 이야기라든지, 전쟁을 치르면 더 강력한 나라가 될 수 있다는 무시무시한 이야기도 마찬가지야.

시간이 흐르면서 인류가 만들어 낸 이야기는 점점 복잡해졌어. 예를 들어 모든 인간의 가치는 평등하다는 이야기가 있지. 많은 사람이 믿고 있는 아주 멋진 이야기야. 이것에 대한 믿음을 바탕으로 세계 평화를 돕는 기구인 국제 연합(UN)도 세워졌잖아. 국제 연합은 각 국가가 국민을 공정하게 대하는지 감독하고 있어.

한편 인간의 가치가 모두 같은 것은 아니라는 이야기를 진실이라고 믿는 사람들도 종종 뉴스에서 볼 수 있어. 하지만 그건 아주 위험한 생각이야.

엄마한테 묻지도 않고 마음대로 매머드 회를 먹으면……, 거대한 매머드 신이 와서 널 잡아먹을 거야!

다양한 문화

인간이 만들어 낸 이야기는 서로 다른 문화 속에서 자리를 잡았어. 영어로 문화를 의미하는 단어인 '컬처(Culture)'는 '재배하다, 경작하다'라는 말에서 유래되었어. 시간이 흐르면서 '땅에 씨앗을 뿌리고 기른다'라는 말은 '생각을 기른다'라는 의미로 쓰이게 되었지.

그래서 문화라는 말이 예술, 연극, 음악, 문학을 비롯한 다양한 형태의 창조물을 가리키게 된 거야.

사람들은 함께 모여 살면서 입는 옷, 음식, 음악, 예술 그리고 기념하는 공휴일 등 고유의 전통을 만들어 내. 이것을 보면 그 공동체의 문화를 알 수 있지.

어떤 문화는 역사의 흐름에 따라 첨단 기술과 건축물, 교육과 지식 등을 갖추면서 더 많은 기능을 해내는 사회로 발전했어. 이것을 우리는 '선진화된 문화' 혹은 '문명'이라고 불러.

도구

인류가 사냥과 채집을 하며 살던 시절에는 자주 옮겨 다녀야 했기 때문에 살림이 많지 않았어. 생각해 봐. 짐이 많으면 옮길 때마다 얼마나 힘들겠어. 게다가 필요한 건 이동하면서 그때그때 구하면 되니까 살림이 많을 필요도 없었지.

하지만 본격적으로 농사를 짓기 시작하면서부터 살림이 많아지기 시작했어. 땅을 갈고 곡식을 돌보려면 도구가 많이 필요하거든. 쟁기와 맷돌부터 곡물을 저장하기 위한 그릇까지 말이야.

지식을 모으는 사람들

사람들은 도구를 만드는 데 필요한 재료를 수집했어. 칼이나 도끼를 날카롭게 만들 때 쓰는 돌 같은 것 말이야.

그리고 가지고 있는 도구에 만족하지 않고, 더 효율적인 사냥 도구와 쓰기 편리한 그릇을 만들어 냈지.

작물이 어떻게 자라는지, 계절이 어떻게 바뀌는지도 탐구했어. 영양가가 많은 작물은 무엇이며, 독성과 약효가 있는 작물은 무엇인지, 작물이 어디에서 잘  자라고 언제 수확할 수 있는지에 대해서도 말이야. 이런 정보를 아는 것은 생존하는 데 아주 중요했거든.

또 물과 먹을거리를 남보다 쉽게 발견하기 위해 항상 주변을 꼼꼼하게 관찰했어. 다른 동물의 행동을 관찰하고 자연을 살피면서 폭우나 가뭄을 예고하는 신호를 포착하기도 했지.

사냥하고 채집하며 살던 시절부터 사람들은 폭우와 추위를 견디는 방법을 배웠어. 점점 똑똑해지면서 옷을 만들어 입고, 천장이 있는 집을 짓기 시작했지. 덫을 놓고, 뱀에 물린 상처를 치료하고, 굶주린 야생 동물로부터 안전하게 몸을 피하는 방법도 터득했어.

부모를 보고 배운 아이들은 머지않아 어른보다 훨씬 더 똑똑해졌어. 이 아이들은 훗날 어른이 되어 자기 자식들에게 습득한 지식을 다시 전수해 주었지.

그래도 그때가 좋았지

사냥과 채집을 하면서 사는 삶은 무척 피곤해. 종종 목숨이 위태로운 상황도 생기지. 먹을거리를 놓고 다른 사람과 싸우기도 하고, 위험한 야생 동물과 맞서야 할 때도 있어. 어쩌다 한 번씩 음식이 남는 일이 생겨야 겨우 한곳에 머물며 편안하게 지낼 수 있었지. 하지만 몇 주 동안 물러 터진 열매 하나 찾지 못해 배를 곯아야 할 때도 많았어. 굶어 죽지 않으려면 아주 높은 곳까지 기어 올라가거나 땅속 깊은 곳까지 파서 먹을거리를 찾아야 했지.

그래도 이때는 자유롭고 상황에 따라 유연하게 대처할 여지가 많았기 때문에 나은 편이었어.

농부는 작물을 키우기 위해 쉴 틈 없이 일해야 해. 상인은 먹고살기 위해 많은 고객을 확보해야 하고, 공장 노동자는 몇 시간씩 기계 앞에 앉아 뼈빠지게 고생하지. 사무실에서 일하는 사람도 하루 종일 의자에 앉아 일하는 건 마찬가지야.

역사와 함께 일하는 시간도 변했어. 오늘날에는 대부분의 사람들이 일주일에 40시간 이상 일해. 출퇴근 시간도 길고, 음식을 차리고 청소하는 데도 많은 시간을 투자하지.

사냥과 채집을 하던 시절에는 잡초를 치울 필요도 없었고, 설거지거리가 쌓이지도 않았어. 청소할 필요가 없었던 것은 말할 필요도 없고.

아프면 버린다고?

사냥과 채집을 하며 살던 시절에는 우연히 발견하거나 사냥한 것을 먹고 살았기 때문에 먹을거리의 종류가 다양했어. 이때 살았던 사람들은 날씨에 큰 영향을 받는 농경 시대의 농부에 비해 굶어 죽을 위험이 적었을 거야. 다양한 종류의 음식을 먹고 몸을 많이 움직인 덕분에 몸도 건강한 편이었지.

하지만 상처를 입었을 때 감염되어 죽을 가능성이 컸고, 부상을 당하거나 늙고 병든 사람은 무리에서 버림받거나 심지어 죽임을 당하기도 했어.

서로 보살피며 치료해 주었다는 증거도 있긴 하지만, 이는 정처 없이 돌아다니며 살던 집단과 일정 기간 한 장소에 머무르며 살았던 집단 간의 차이일지도 몰라. 척박한 땅에서 먹을거리를 찾아 먼 거리를 이동해야 한다면 아픈 사람을 데리고 가는 게 분명 어려웠을 거야. 안타깝기는 하지만 자주 이동하면서 살아야 했던 사람들에게는 당연한 삶의 방식이었겠지. 요즘 사람들한테는 제정신이 아닌 소리로 들리겠지만.

만물박사에서 전문가로

우리 조상들은 다양한 분야에 대해 넓게 알았어. 반면 현대의 인류는 좁은 분야를 깊이 아는 편이지. 개개인으로 본다면 옛날 사람들이 오늘날의 사람들보다 훨씬 더 방대한 지식을 가졌을지도 몰라. 생존하려면 다양한 분야에 대해 알아야 하거든. 하지만 집단을 기준으로 본다면 어디서든 쉽게 접할 수 있는 방대한 정보의 양 덕분에 요즘 사람들

이 옛날 사람들보다 훨씬 더 많은 것을 알고 있어.

옛날 사람들은 자연을 꿰뚫어 볼 수 있었을 뿐만 아니라, 필요한 것이 있으면 직접 만들어 내기도 했어. 하지만 오늘날에는 이전보다 훨씬 더 복잡하고 정교한 도구들이 필요하지. 한 사람이 모든 도구를 직접 만들어 내는 대신, 각 분야의 전문가 여럿이 힘을 합쳐 컴퓨터나 자동차 같은 복잡한 물건을 만들어 내.

예를 들어 자동차 한 대를 만들려면 자연에서 원자재를 찾아내는 전문가, 광석으로 금속을 만드는 전문가, 금속의 특징을 낱낱이 알고 있는 전문가, 쇠로 기둥, 나사, 너트 등을 만드는 전문가의 도움이 필요해. 이들이 재료를 준비하면 큰 공장에서 직원들이 금속의 모양을 잡고 한데 합쳐서 자동차를 만들지. 큰 부분부터 세세한 부분까지 수백, 수천 개의 손과 머리가 모여 자동차를 완성하는 거야.

초창기의 인류는 자연에 대해 모르는 것이 없고 모든 도구를 뚝딱 만들던 생존형 만물박사였지만, 시간이 흐르면서 이제는 한 가지 분야에 대해 속속들이 알고 있는 전문가가 되었어. 이런 변화는 인류가 농사를 지으면서 시작되었어. 농사를 짓기 위해서는 작물과 땅, 날씨 전문가가 되어야 했거든.

농업의 시작

농사

약 1만 2000년 전 인류 역사상 두 번째 혁명이 일어났어. 바로 농업 혁명이야.

요즘 사람들에게는 동물을 길들이고 작물을 기르기 시작했다는 말이 그다지 인상적으로 들리지 않을 거야. 하지만 과거에는 아주 중요한 문제였어. 본격적으로 농사를 짓기 전에는 산과 들에서 열매를 따먹고 동물을 사냥하면서 살았기 때문에 계절의 흐름과 사냥감의 이동에 따라 휘둘리며 살 수밖에 없었거든.

인류는 팔레스타인과 시리아 사이에 위치한 지역에서 최초로 밀을 재배했어. 이후 동쪽으로는 이라크와 이란, 서쪽으로는 터키, 남쪽으로는 이집트까지 농경 문화가 퍼져 나갔어.

아하!

인류의 역사에 대해 생각하다 보면 질문이 꼬리에 꼬리를 물고 이어져. 대체 누가 진흙을 발라 구운 물건이 단단해지고 방수도 된다는 사실을 알아냈을까? 바퀴는 누가 어쩌다가 발명했을까? 그리고 이런 것들을 발명하기까지 얼마나 많이 실패했을까? 인간이 자연을 거스르는 결정을 내릴 수도 있다는 사실은 언제 깨닫게 되었을까?

농사를 시작하기 한참 전에도 인류는 야생에서 자란 밀을 채집했어. 사람들은 밀이 무르익으면 한동안 그 근처에서 머물며 수확을 했고, 나머지 기간에는 바닷가에서 낚시를 하거나 야생 동물의 뒤를 쫓아다녔어. 이동할 때 수확한 밀을 최대한 많이 짊어지고 갔을 테니, 가는 동안 밀알 몇 개가 땅에 떨어졌겠지? 그 이듬해, 사람들은 자신들이 지나간 땅을 따라 밀이 자란 것을 발견했을 거야. 씨를 뿌린 게 다름 아닌 바로 자신이라는 사실을 알았을 때는 정말 날아갈 듯한 기분이 들었겠지?

인류는 그로부터 머지않아 본격적으로 농사를 짓기 시작했어.

씨를 뿌리고, 터를 잡고

시간이 흐르면서 사람들이 한곳에 머무르는 기간이 조금씩 늘어났고, 농사짓는 땅도 점점 넓어졌어. 결국 더 이상 먹을거리를 찾아 이동하며 살지 않아도 되는 수준에 이르렀지. 이렇게 인류는 한곳에 자리를 잡고 살게 된 거야.

사람들은 밀을 1년 내내 먹을 수 있도록 저장하는 방법을 익혔어. 또 우유와 고기, 옷을 만들 수 있는 가죽을 얻기 위해 동물을 길들이는 방법도 터득했지. 사람은 동물에게 무거운 짐을 대신 지우고 밭을 갈게 했어.

그로부터 수천 년 뒤에 다른 지역에 살던

사람들도 농사를 짓기 시작했어. 맨 처음 쌀과 조를 기르고 돼지를 사육하기 시작한 건 중국 땅에 살던 사람들이야.

뉴기니섬에 살던 사람들은 사탕수수와 바나나를, 중앙아메리카에서 살던 사람들은 옥수수와 콩을 기르는 방법을 익혔지. 남아메리카에서는 감자를 기르고 라마를 키웠어.

서아프리카에서는 조와 밀, 수수를 기르기 시작했고, 북아메리카에서는 호박을 재배했지. 세계 곳곳에서 농경이 본격적으로 시작된 거야. 1세기 무렵이 되자 전 세계 대부분의 지역에서 사람들은 농사를 지었어.

농경이 시작된 곳은 모두 물이 풍부했고, 잘 자라는 작물이 있었고, 길들이기에 적합한 동물도 있었어. 이 모든 일이 서로 멀리 떨어진 대륙에서 거의 동시에 벌어졌어. 아마 기후가 전보다 따뜻해졌기 때문에 가능했을 거야.

배고픔 대신 선택한 고통

사람들은 어떻게 하면 매일 끼니를 걱정하지 않고, 더 많은 식량을 가까이 두고 안락하게 살 수 있을지 고민했어. 그래서 농사를 생각해 낸 거야.

하지만 사실 인간의 몸은 허리를 오랫동안 숙여서 일하는 데 적합하지 않아. 오히려 달리  기를 하고 나무를 기어오르는 데 유리한 뼈와 근육을 타고났지. 허리를 구부리는 것보다 달리거나 나무를 오를 때 더 편안하고 오래 버틸 수 있었을 거야. 이 때문인지 이 시기에 살았던 사람의 뼈를 조사해 보면, 척추에 문제가 있었던 흔적을 발견할 수 있어.

뼈 얘기가 나와서 말인데, 농사를 짓게 되면서 섭취하는 음식이 단조로워지자, 치아도 훨씬 약해졌어. 우리 조상들은 종종 끔찍할 정도로 괴로운 치통을 앓았을 거야.

새로운 문제

한곳에 정착하기 시작하면서 사람들은 엄청난 변화를 겪었어. 삶이 송두리째 바뀔 정도였지. 농부들은 농지와 집을 지켜야 했고, 밭 가까이에 살면서 씨를 뿌리고, 작물을 수확하고, 잡초를 제거하고, 병충해를 막아야 했어. 그리고 또 수확하여 헛간에 보관해 둔 작물을 도둑으로부터 지켜야 했지.

날씨도 문제였어. 농사는 기후에 무척 민감하거든. 자칫 가뭄이나 홍수 때문에 작물이 망가지면 재앙이나 다를 바 없었어. 배를 곯아야 했으니까.

사냥과 채집을 하며 살던 시절에는 기후가 좋지 못해도 살아남을 수 있었어. 먹을거리를 찾아 다른 곳으로 이동하면 그만이니까 말이야.

당시 농사를 짓던 사람들은 대개 한 가지 작물만 길렀는데, 매일같이 한 가지 종류의 음식만 먹는 것은 영양적인 측면에서 좋지 않아. 영양소를 골고루 섭취할 수 없어서 질병에 맞서는 면역 체계가 약해지고, 소화도 잘 못 시키고, 치아도 약해지거든. 그뿐만 아니라, 가축을 기르면서 독감, 천연두, 홍역 같은 질병에 쉽게 감염되어 수천 명씩 죽어 나가기도 했어.

인간은 자연을 길들이는 데 성공했지만, 인간이 기른 작물도 인간을 길들인 거야.

집만 한 곳이 없지

매번 사냥하고 먹을거리를 찾아 헤매는 것보다 농사를 짓는 게 과연 더 나은 선택이었을까?

여러분이라면 직접 곡식을 기르고 손수 만든 집에서 사는 것을 선택하겠어, 아니면 비바람과 추위, 위험한 맹수나 적을 피해 동굴에 숨어서 지푸라기를 깔고 사는 게 더 나을 것 같아?

여러분의 대답이 무엇이든, 그 시절 사람들은 한곳에 정착하면서 작

물을 기르는 농부가 되는 길을 선택했어. 농사를 지으면서 사는 방식이 생존에 더 유리하다고 여겼기 때문이야. 그렇지 않으면 그 많은 사람들이 농부의 삶을 택하지 않았겠지. 힘들게 이동하지 않아도 많은 사람의 배를 채울 수 있는 충분한 양의 곡식을 얻을 수 있게 된 건 분명한 장점이야.

인류는 한곳에 정착하면서 집을 만들었고, 다른 사람과 관계도 맺게 되었어. 여러 사람이 모여 마을을 이루었고, 마을 사람들은 밭에 물을 대고 병충해를 물리치기 위해 서로 협력했어. 함께 있으면서 안전하다는 느낌도 받았을 거야. 여러 사람들과 어울려 지내는 것은 끝내주는 일이었어. 아주 자연스러운 발전 과정이기도 했고.

고차원적인 문화로

농업 혁명으로 인해 세상을 바라보는 사람들의 시선도 바뀌었어. 정착할 곳을 만들고, 자연에 영향력을 끼치고, 먹을거리를 직접 기르고, 동물을 길들이게 되면서 사람들은 스스로를 좀 더 중요한 존재라고 여기기 시작했어.

최초의 농부가 씨를 뿌리고 열매를 수확한 이후, 세상에 있는 거의 모든 사람이 농사짓기까지 수천 년이라는 세월이 걸렸어. 긴 시간 같아 보이지만, 실은 인류 역사에서 있었던 다른 사건과 비교해 보면 이건 꽤나 빠른 변화에 속하는 편이야.

이런 변화를 바탕으로 마을, 도시, 사회가 성장했고, 마침내 문명이 나타나기 시작했어. 맨 처음 등장한 문명은 1만 년 전 발생한 메소포타미아 문명이야. 메소포타미아 문명이 발생한 이후로 중앙아메리카, 중국 북부, 페루, 파키스탄과 인도의 인더스 유역의 비옥한 땅에서도 문명이 발달했지.

먹고 살려면 일을 해!

사냥과 채집을 하며 살던 시절에는 자주 이동했기 때문에 한 번에 여러 명의 어린아이를 데리고 다니기가 곤란했어. 분명 태어난 아기를 죽

이는 경우도 있었을 거야.

하지만 농사를 지으며 정착하게 되자 이런 문제가 말끔히 사라졌어. 게다가 밭일을 하려면 오히려 일손을 거들 아이가 필요했지.

비록 많은 아이들이 병에 걸리거나 죽었지만, 인구는 빠른 속도로 늘어났어. 인구가 늘어나자 식량이 더 필요했고, 더 많은 식량을 생산하기 위해 더 큰 땅이 필요했어. 사람들은 숲을 불태워 너른 땅을 만들었고, 씨를 뿌릴 수 있도록 땅을 파고 갈았어. 열심히 밭일을 하고, 날씨가 안 좋을 때를 대비해 창고에 수확한 곡식을 채우는 일이 반복되었지.

아이가 성장하면 집을 떠나 함께 살던 가족과 멀찍이 떨어진 곳에 새 땅을 일구었어. 이런 식으로 농경을 시작한 인류가 전 세계로 천천히 퍼져 나갔지.

미래의 탄생

만약 매일매일 눈에 불을 켜고 먹을거리를 찾아다녀야 한다면 미래에 대해 깊이 생각할 수 있을까? 사냥과 채집을 하며 살던 시절에는 하루하루 살기 급급했기 때문에 계획을 세우기 쉽지 않았을 거야. 하지만 농사를 짓기 시작하면서부터는 몇 년 후의 일까지 생각하고 계획해야 했어.

이렇게 미래라는 개념이 생겨났어. 앞일을 예측하려면 과거에 농사를 어떻게 지었는지, 어떤 집을 지었고, 어떤 땅을 경작했는지 돌아봐야 했어. 그래서 이들에게 시간과 장소가 무척 중요한 개념으로 자리잡았지.

당시 사람들은 날씨가 좋지 않을 때 대처하는 방법도 고안했어. 밭에 물을 잘 대는 방법과 병충해를 막을 수 있는 방법도 마련했지. 덕분에 더 넓은 땅을 일굴 수 있었어.

밀려나는 사람들

많은 사람들이 세계 곳곳에서 농사를 지으며 자연환경을 바꿔가는 동안, 사냥과 채집에 의존해 살던 사람들은 차츰 자기 땅에서 밀려나게 되었어. 물론 원주민들은 지금도 예전과 마찬가지로 위기에 내몰려 있어.

하지만 오늘날 원주민이 밀려나는 이유는 예전과 달리, 원주민들이 살던 지역에서 원자재가 발견되기 때문이야. 사람들은 그 지역에 길을 새로 내고, 숲을 쓰러뜨리고, 댐을 세우고, 굴을 파.

모두 환경을 파괴하는 일이야. 자연에 흔적을 거의 남기지 않는 원주민들과는 정반대의 방식이지.

아무튼 다시 이야기의 시작으로 돌아와 얘기하자면, 사냥과 채집에 의존하며 살던 사람들은 결국 새로운 삶의 방식에 차츰 적응해야 했어. 대부분은 작물을 기르고 송아지를 키우기 시작했지.

동물 길들이기

개는 늑대의 후손이야. 야생에서 살던 늑대가 어쩌다 사람에게 길들여졌을까?

사냥꾼이 암컷 늑대를 죽이고 그 새끼들을 보살폈던 게 시작이었을지도 몰라. 아마 처음부터 쉽게 길들이지는 못했을 거야. 하지만 먹이를 얻어먹고 보호받으면서 새끼 늑대들도 점차 사람과 함께 사는 생활에 만족하지 않았을까? 이 늑대들이 자라 새끼를 낳았을 테고, 세대가 거듭될수록 늑대는 점점 온순해졌을 거야. 온순해진 늑대는 사람을 따라다니며 사냥을 돕고, 밤에는 보초를 섰지.

아니, 어쩌면 정반대였을까? 늑대가 자발적으로 사람들에게 접근했을 수도 있어. 위험을 무릅쓰지 않고도 먹이를 얻고 사랑받을 수 있으니 얼마나 좋아?

다른 동물들도 비슷한 방식으로 길들여졌을 거야. 당시 사람들은 염소, 양, 소 등을 기르기 시작했어. 이런 동물들은 인간에게 아주 중요했기 때문에, 다른 맹수로부터 보호하고 먹이도 주며 길들였지. 손이 많이 가는 동물이나 공격성을 보이는 동물은 죽여서 먹고, 얌전한 동물은 새끼를 낳게 했어. 늑대 같은 다른 야생 동물도 세대를 거듭할수록 점점 온순해졌겠지?

그렇게 호모 사피엔스는 우리에게 도움이 되는 동물을 키우면서 동물이 진화하는 데 영향을 미쳤어.

창조자가 된 인간

사냥과 채집을 하며 살던 시절에는 집을 짓거나 길을 만들지 않았어. 운하를 파지도 않았고, 숲을 불태워 벌판으로 만드는 일도 거의 없었지. 하지만 농사를 짓기 시작하면서 모든 것이 달라졌어.

이전에는 인류가 자연의 아주 작은 일부에 불과했지만, 농경을 본격적으로 시작한 이후에는 창조자가 되었지.

이러한 변화는 사람들의 믿음에도 영향을 주었어. 예전에는 자연, 동물, 식물에 깃든 영혼을 믿었지만, 이후에는 농부가 작물을 보살피듯 신이 세상을 보살핀다고 믿기 시작한 거야.

사람 길들이기

1241년에 제정된 유틀란트* 법에는 "국가는 법에 기초하여 세워져야 한다."라는 문구가 있어. 한편 "그러나 모든 이가 자신이 가진 것에 만족하고 다른 사람들 역시 같은 권리를 가질 수 있다면 법이 필요하지 않다."라고도 적혀 있지.

농경이 시작된 후 한곳에 모여 사는 사람들의 수가 많아지자, 다른 사람에 대한 정보를 모으는 것이 힘들어졌어. 다시 말해, 더 이상 주변 사람들을 하나도 빠짐없이 아는 게 불가능해진 거야. 그래서 법과 규칙이 시급히 필요해졌어.

마을이 도시와 국가로 성장하면서부터 신의 대리인을 자처하는 사람들이 등장했어. 지배자는 사람들을 순조롭게 다스리기 위해 자신이 신의 뜻을 대신 전하고 있다고 주장했지. 시간이 좀 더 흐른 뒤에는 결국 지배자와 신을 구분하기 어려워졌어.

* 독일과 덴마크에 걸쳐 있는 북유럽 반도

신의 대리인

법과 규칙이 점점 더 복잡해지면서 종교 지도자의 지위도 높아졌어. 많은 사람들이 종교 지도자는 신과 직접 소통할 수 있고, 신의 뜻을 우리에게 전할 수 있다고 믿었거든.

종교마다 지도자를 부르는 이름이 달라. 기독교에서는 사제라고 부르고, 이슬람교에서는 이맘, 유대교에서는 랍비라고 부르지.

종교 지도자는 대부분 남자였는데, 종교에서 가르치는 이야기와 규칙이 사람들이 살아가는 데 무척 중요해졌기 때문에 이 남자들은 엄청난 권력을 손에 쥐었어.

사람들은 교회와 성당, 회당, 모스크에 헌금을 바칠 수밖에 없었어. 시간이 지날수록 종교 지도자들은 점점 더 부유해지고 강력한 권력을 누리게 되었지.

절대 권력

종교 지도자들은 자기들이 가진 모든 권력이 신에게서 비롯되었다고 말했어. 신에게는 자신이 정한 규칙을 따르지 않는 사람을 벌할 수 있는 힘이 있다는 이야기도 했어. 신과 싸우고 싶어 하는 사람은 아무도 없었지. 결국 사람들은 종교 지도자가 만들어 낸 규칙을 반드시 지켜야만 했어.

많은 사람들이 전염병, 흉작, 질병, 심지어 굶주림까지 모두 인간이 죄를 지었기 때문에 신이 벌을 내린 것이라고 해석했어. 적어도 종교 지도자들은 그렇게 말했지.

엄격한 신화 덕분에 종교 지도자는 사람들에게 어마어마한 권력을 휘두를 수 있었어.

황금률

종교에는 많은 규칙이 있어. 책에 쓰인 규칙뿐만 아니라, 글로 전해지지 않는 규칙도 있지. 글로 전해지지 않는 규칙은 가족이나 선생님, 사회 생활을 통해 배울 수 있어.

이런 종교적인 규칙은 우리가 어떻게 살아야 하는지, 다른 사람과 어떻게 지내야 하는지에 대한 기준이 되었어.

그중 하나가 바로 '황금률'이야. 이는 모든 종교에서 비슷하게 가르치는 규칙으로, 내가 대접받고 싶은 방식으로 다른 사람을 대하라는 내용을 담고 있지. 예를 들어, 만약 내가 여러분에게 친절하게 대해 주길 바란다면, 여러분도 나에게 친절을 베풀어야 한다는 거야.

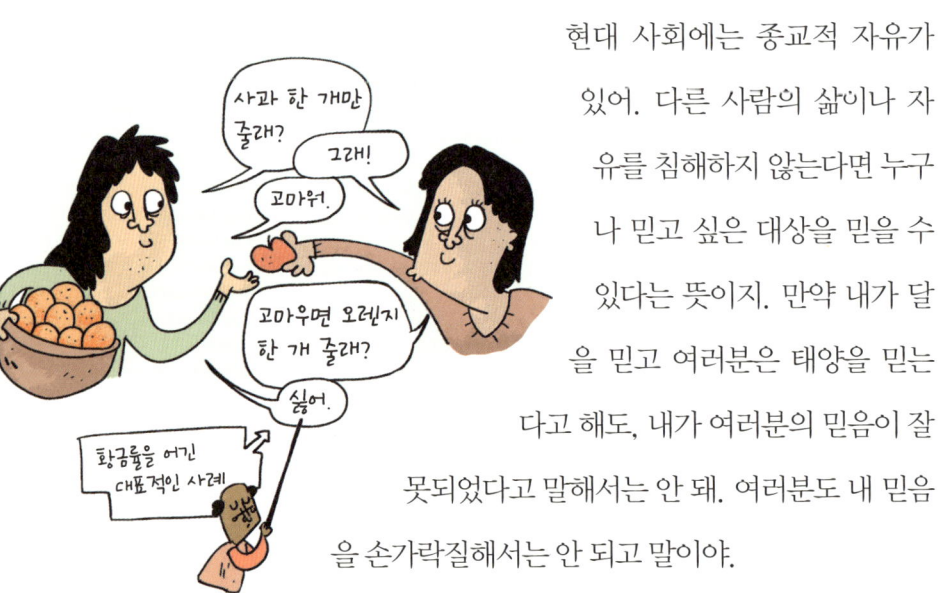

현대 사회에는 종교적 자유가 있어. 다른 사람의 삶이나 자유를 침해하지 않는다면 누구나 믿고 싶은 대상을 믿을 수 있다는 뜻이지. 만약 내가 달을 믿고 여러분은 태양을 믿는다고 해도, 내가 여러분의 믿음이 잘못되었다고 말해서는 안 돼. 여러분도 내 믿음을 손가락질해서는 안 되고 말이야.

부와 권력

농사를 짓는 사람에게는 여분을 마련해 두는 것이 중요했어. 식량뿐만 아니라 자본도 마찬가지였지. 여기서 자본이란 다른 물건을 구입할 수 있는 돈이나 가치가 있는 물건을 뜻해.

시간이 흐르면서 어떤 사람들은 다른 사람보다 더 넓은 땅을 소유하게 되었어. 덕분에 그들은 권력을 가진 지배자가 되었지. 지배자는 사람들을 적으로부터 보호해 주고 넓은 길도 만들어 주었어. 대신 사람들에게 대가를 요구했지. 그게 바로 세금의 시작이야.

땅을 가진 지배자와 종교 지도자는 점점 더 부유해지고 강한 힘을 갖게 되었어. 그들은 사회 전반에서 일어나는 많은 일을 결정했지. 규칙을 정하고 노예나 소작농을 시켜 으리으리한 성과 동상, 탑, 사원을 세우기도 했어. 다른 땅에 쳐들어가겠다는 결정도 내렸고 말이야.

지배자들은 자기들끼리 영토를 나누기도 했어. 이때 협상을 하고 다투기도 했는데, 이런 과정을 거치며 정치가 탄생했지.

정치

정치라니, 너무 지루하지? 그런데 이건 굉장히 중요한 문제야. 정치는 사회를 통치하고 권력을 사용하는 방법을 다루고 있기 때문이야. 다시 말해, 누가 무엇을 결정할 수 있는지에 관한 문제라고.

또 정치는 사람들이 서로에게 어떤 권리와 의무를 가지고 있는지에 관한 문제이기도 해. 우리가 그 답을 어떻게 내릴 것인지에 대해서도 다루고 있지.

정치가 등장하면서 전쟁과 군대도 잇따라 나타났어. 군대가 생기면서 소작농들은 자신의 아들을 강제로 입대시켜야 했어.

소작농이 비축해 둔 여분의 자본은 지배자, 관료, 군인, 성직자, 사상가로 구성된 엘리트 집단을 먹여 살리는 데 쓰였어. 하지만 역사책에는 이런 엘리트 집단에 대한 언급만 있고, 힘들게 밭을 갈고 성과 도로를 만드는 데 동원된 소작농에 관한 이야기는 거의 찾아볼 수 없지. 왜 그런 줄 알아? 역사는 줄곧 지배자들의 시선에서 기록되었거든. 안타까운 일이지.

더하기와 빼기

사냥과 채집을 하며 살던 시절에는 개를 몇 마리 잡았는지, 숲에 산딸기가 몇 개나 있는지 계산할 필요가 없었어. 하지만 농부와 상인에게는 숫자가 무척 중요했어. 작물을 심고, 추수하고, 거래하는 양을 정확히 알아야 했거든.

선사 시대에도 긴 이야기와 신화를 줄줄 읊을 정도로 기억력이 아주 뛰어난 사람들이 있었어. 이 사람들은 법, 규칙, 숫자도 다외우고 있었지. 하지만 시간이 지날수록 머릿속에 다 담기에는 한계가 있었어.

그런데 중동 지역에서 진흙 조각이 발견되었어. 막대, 구슬, 원뿔,

방울 모양의 조각들이었는데, 무언가를 더하거나 뺄 때 사용한 것으로 밝혀졌어. 각각의 모양은 서로 다른 숫자를 의미했지. 발견된 물건 중 가장 오래된 것은 1만 년이나 되었다고 해. 이미 그때부터 수학이 존재했나 봐.

숫자의 탄생

약 5000년 전에 수메르인들은 '기록'이라는 아주 똑똑한 방법을 생각해 냈어. 기록이란 판이나 종이 등에 글을 남기는 것을 뜻해. 지금 내가 키보드로 이 문자들을 적고 있는 것도 기록이야.

수메르인들이 사용한 설형 문자•에 등장하는 숫자는 진흙 조각의 모양을 본떠 만들어졌어. 이렇게 숫자와 셈을 기록할 수 있게 되자, 이제 모든 것을 기억할 필요는 없어졌어.

수메르인들은 오늘날의 이라크에 해당하는 메소포타미아 남부에 살았어. 이곳에서 시작된 문명의 결과물은 현대에 이르러서까지 전해지고 있어.

• 고대 오리엔트에서 쓰인 문자로, 점토 위에 갈대나 금속으로 새겼기 때문에 문자의 선이 쐐기처럼 보인다.

오늘날 우리가 사용하는 숫자는 인도에서 유래했어. 아라비아 사람들이 이 숫자를 서양으로 전했지. 그래서 인도 아라비아 숫자, 또는 아라비아 숫자라고 불러.

이 숫자 문자 덕분에 우리는 십진법을 기반으로 하는 숫자 체계를 갖추게 되었어. 숫자를 셀 때 손가락 열 개를 사용할 수 있으니, 참 기발한 체계이지 않아?

수메르인들은 육진법*이라는 수 체계를 사용했어. 그래서 하루는 24시간, 한 시간은 60분이고, 원의 중심각은 360도인 거야. 이 숫자들은 모두 6으로 깔끔하게 나눌 수 있거든. 서양에서도 이 체계를 받아들였고, 오늘날까지 전해져 널리 사용되고 있어.

수메르인의 기록

수메르인은 두 종류의 문자를 점토판에 새겼어. 하나는 숫자였고, 다른 하나는 인간, 동물, 물건, 장소 등의 모양을 본뜬 상징이었어. 이런 문자로는 이야기를 남길 수 없으니, 점토판에는 누가 집을 가졌는지, 세금으로 보리

* 0~5까지 여섯 종류의 수를 써서 자릿수를 정하는 체계

를 얼마나 많이 냈는지 같은 지루한 내용만 가득했지.

　세금을 낸 사람들의 이름도 적혀 있었는데, 이 이름들이 우리가 발견한 최초의 이름이야. 점토판에 기록된 내용이 소설이나 일기였다면 정말 재미있었을 텐데, 참 아쉽지?

　언어의 한계 때문에 당시 사람들이 인생을 어떻게 표현했는지는 알 수가 없어. 대신 시와 신화 같은 이야기는 상대적으로 기억하기 쉬웠던 덕분에 입에서 입을 통해 다음 세대로 전해졌지.

기록된 이야기

　메소포타미아 지역의 사람들은 문자를 점차 발전시켜 갔어. 결국 4500년 전에는 왕이 백성에게 전갈을 보낼 수 있을 정도로 문자가 풍부해졌어. 문자가 널리 퍼진 덕분에 평범한 사람들도 읽고 쓰는 법을 배우고, 이야기도 기록할 수 있게 되었지. 무려 4000년 전에 살았던

사람이 주고받은 편지가 발견되기도 했어.

비슷한 시기에 이집트에서는 상형 문자*가 만들어졌어. 중국에서는 그보다 늦게 만들어졌고, 중앙아메리카 사람들은 3000년 전 무렵 자신들만의 문자를 만들었지. 지역은 다르지만 모두 비슷한 이유로 문자가 발달했을 거야. 바로 정보를 저장하고 전달하기 위해서!

마침내 사람들은 신화나 소설도 쓸 수 있게 되었고, 덕분에 우리도 옛날 옛적의 이야기를 읽을 수 있는 거야.

점점 늘어나는 점토판

문자가 발달하면서 많은 직업이 생겼어. 수메르인들은 점토판에 문자를 새긴 후, 불에 굽거나 햇볕에 말려 단단하게 만들어 저장했어. 몇 년도 안 되어 점토판 수천 개가 쌓였을 거야. 그래서 전문 서기관**과 점토판을 저장할 넓은 기록 보관소가 필요했어. 또 방대한 양의 자료를 관리할 수 있는 체계도 만들어야 했지. 그래야 기록 보관소에서 필요한

* 물건의 모양을 본떠 만든 글자
** 기록을 담당하는 관리

정보를 바로 찾아 꺼내 볼 수 있을 테니까. 혹시 자신의 세금 기록을 살펴보고 싶은 사람이 있을지도 모르잖아.

수메르인들은 서기관과 서류를 관리하는 전문가 양성을 위한 학교도 세웠어. 또 새로운 직업이 생겨난 거야.

현대 사회에서는 점토판이 필요 없어. 컴퓨터 서버에 모든 걸 저장해 둘 수 있으니까 말이야. 둘 중에 어떤 저장 방식이 더 안전할까? 컴퓨터는 고장 날 수도 있고, 해커나 바이러스의 공격을 받기도 하고, 정전 때문에 정보가 뒤죽박죽될 수도 있지.

수메르인들은 컴퓨터가 없었으니 이런 걱정은 할 필요가 없었을 거야. 다만 지진이라도 나서 진흙판이 죄다 깨져 버리면 어떡하나 하는 걱정은 했을 지도 몰라.

유럽에서 발견된 기록의 흔적

유럽의 역사를 완벽하게 순서대로 아는 것은 결코 쉬운 일이 아니야. 고고학자들이 계속해서 새로운 유물을 발굴하기 때문이지. 유럽 최초의 문자 역시 마찬가지야.

1961년에 루마니아의 타탈리아 마을에서 점토판 세 개가 발견되었어. 점토판에는 문자와 그림이 빼곡했지.

이 점토판이 얼마나 오래되었는지 결론 내리기가 쉽지 않았지만, 학자들은 대략 7300년 전에 만들어진 것으로 추정했어. 이 말은 어쩌면 유럽 사람들이 메소포타미아나 이집트 사람들보다 2000년이나 먼저 문자를 사용했을 수도 있다는 것을 뜻해.

하지만 그 점토판에 쓰여 있는 문자가 무슨 뜻인지 제대로 해석해 낸 사람은 아무도 없어. 종교와 관련 있는 내용이라고 짐작만 할 뿐이지. 농부들이 대지의 여신에게 제사를 지낼 때 사용했던 것은 아닐까 하고 말이야. 하지만 진실은 아직 아무도 몰라.

다른 시대로 이어지는 길

인류가 농사를 짓기 전에는 소규모의 사람들이 모여 살았어. 한 지역에 100명 정도 되는 사람들이 모여 협동하며 살았지. 그런데 농사를 짓기 시작하면서 마을과 도시가 형성되자, 함께 사는 사람의 수는 수천 명으로 늘어났어. 어떻게 수천 명이나 되는 사람들이 큰 문제없이 잘 지낼 수 있었을까?

바로 같은 이야기를 믿었기 때문이야. 그리고 이야기는 우리의 삶이 변하면서 함께 바뀌었어.

우리가 믿는 이야기는 힘이 있는 자와 힘이 없는 자가 누구인지 설명해 줬어. 그 질서 속에서 나의 자리가 어디인지 아는 것은 사람들에게 안정감을 주었지.

설령 내 자리가 가장 아랫부분에 위치하더라도 말이야. 이러한 차이는 신이 정하신 진리라고 생각했거든. 어떤 사람이 다른 사람보다 더 중요하다는 사실이 당연하게 여겨졌어. 부자와 가난한 자, 자유인과 노예는 결코 평등할 수 없었지.

그렇지만 인류는 항상 더 높은 곳을 향해 나아갔고, 더 나은 것을 얻기 위해 노력했어. 그 사이에 부당한 권력에 반기를 들고 저항하는 일도 종종 일어났지.

비록 오늘날 우리가 모든 사람의 가치는 동등하다고 생각해도, 지구 어딘가에서는 분명 차별과 부당함이 존재할 거야. 인간은 서로 동등하지 않다는 생각을 가진 사람들 때문에 역사에 부끄러운 일이 여러 차례 일어났어. 다른 인종이 억압받고, 추방되고, 살해되는 일이 곳곳에서 벌어졌지. 원주민은 몸을 숨겨야 했고, 노예가 되거나 전멸할 위기에 처하기도 했어.

'지혜로운 인간'이라는 뜻의 이름인 호모 사피엔스에 대해 어떻게 생각해? 나는 가끔 호모 사피엔스가 아니라, 다른 이름을 붙였어야 하는 게 아닌가 하는 생각이 들어. 바로……

호모 멍청이우스

모두 다 함께

가까워진 세계

호모 사피엔스는 전 세계로 퍼져 나갔어. 그리고 자리 잡은 곳에서 각자의 문화를 만들며 살아갔지. 자기들이 사는 곳 바깥에 다른 사람이 또 있을 거라고는 생각하지 못한 채로 말이야. 농경이 처음 시작된 무렵에는 전 세계에 고립된 인간 집단이 수천 개쯤 있었을 거야.

이후 유럽이 신대륙 발견에 나서 식민지 건설을 본격적으로 시작한 1450년 무렵부터 여러 지역에서 같은 문화와 정치, 경제를 향유하게 되었어. 물론 여전히 다른 문화와 접점 없이 사는 사람들도 있었지만 말이야.

훗날 유럽인들은 탐험이라는 이름으로 항해를 떠나며,

그 길에서 마주친 다른 문화들을 집어삼키기도 했지.

　유럽인들이 탐험을 시작한 이후, 세계 각지에 있던 사람들은 점점 가까워졌어. 오늘날 우리는 지구 반대편에 있는 곳의 소식도 언제든 들을 수 있고, 여러 나라 사람들이 서로 교역을 하고, 바다 건너편에 사는 사람도 직접 만날 수 있잖아. 또한 다른 나라로 여행도 가고, 전 세계 사람들이 영국 프리미어 리그의 축구 경기를 보고, 다들 비슷한 윤리와 규범을 따르지.

　이런 일이 어떻게 가능해졌을까?

우리 그리고 그들

아주 먼 옛날, 지배자들은 경계를 긋고 국가를 만들면서 자기네 나라 사람들에게 자신들이 국경 너머에 사는 사람들보다 훨씬 잘 살고 있다고 말했어.

사람들에게 그 말을 믿게 하는 것은 그다지 어렵지 않았어. 자기가 속해 있는 집단이 더 좋다고 생각하는 건 인간의 자연스러운 본성이니까.

갓난아기일 때부터 인간은 자신이 어떤 무리에 속하는지 본능적으로 알아. 인간은 자신과 남을 구분하고, 자신이 속한 집단이 다른 집단보다 더 낫다고 믿어 왔지. 그저 다른 곳에서 왔거나 생김새가 다를 뿐인데도 말이야.

사람들을 '우리'와 '그들'을 나누고, 자기들이 다른 나라 사람들보다 뛰어나다고 생각했어. 그리고 그 사실을 자랑스러워했어. 덕분에 지배자들은 사람들을 한데 모으고 단합하기 쉬웠지. 권력을 유지하는 데 도움이 된 건 말할 필요도 없고.

상인, 지배자 그리고 성직자

역사를 살펴보면 전 세계가 천천히 하나로 연합되었다는 사실을 알 수 있어. 연합할 수 있었던 이유는 경제, 정치, 종교 이렇게 세 가지로 나눌 수 있지.

⭐ 경제: 인류는 화폐를 발명하고 서로 교역을 시작했어.
⭐ 정치: 제국은 넓은 땅을 정복하고 사회가 작동하는 규칙을 정했어.
⭐ 종교: 종교는 점점 크게 성장하며 전 세계로 퍼져 나갔어.

다시 말해, 전 세계를 서로 가깝게 만든 것은 다름 아닌 상인, 지배자, 그리고 성직자였던 셈이야.

상인은 이 세상이 하나의 커다란 시장이라고 생각했어. 세상 모든 사람이 자신의 고객이었지. 지배자는 이 세상이 하나의 영토이고, 모든 사람은 자신의

신하라고 생각했어. 성직자는 보다 많은 사람들이 자신이 따르는 신을 믿길 바랐지.

하나의 시장, 하나의 영토, 하나의 신. 이런 식으로 세계는 점차 하나로 연합되었어.

사실 오늘날에도 마찬가지야. 전 세계 사람들이 같은 음악을 듣고, 같은 영화를 보고, 같은 게임을 하고, 같은 음식을 먹고, 같은 축구 구단을 응원하면서 서로 조금씩 가까워졌잖아.

스파게티가 시작된 곳은?

세상이 하나가 되었다 해도 분명 차이는 있어. 가장 흔한 게 음식 문화의 차이지. 이탈리안 식당은 스파게티를 팔 것이고, 인도 식당에서는 매운 고추가 들어간 음식을 팔 거야. 스웨덴 식당에 가면 미트볼이 메뉴에 꼭 있을 테고.

> 페루의 머나먼 산골 마을
>
> 짜잔! 우리의 특식, 미트볼이란다!

그렇다면 음식 문화가 지역별로 확연하게 나뉜다고 말할 수 있을까? 사실 그렇지 않아. 스파게티는 아시아에서 유래했고, 고추는 남아메리카 지역에서 많이 생산돼. 또 미트볼은 전 세계 어디에서나 찾아볼 수 있는 음식이지.

문화는 다른 문화를 조금씩 받아들이고 변화하면서 만들어져. 그럼에도 불구하고 많은 사람들이 자신들의 문화가 순수하고 독자적이라고 생각하지. 자신들의 문화가 예전에도 지금과 같은 식으로 존재했으며, 다른 문화보다 우수하다고 말이야.

그렇지만 실제로 다른 문화를 받아들이지 못하는 문화는 고립되어 사라지는 경우가 많아.

사고팔기

아주 먼 옛날부터 인류는 서로 물건이나 노동을 교환했어. 일을 대신 해 주고 돌도끼를 받는 것처럼 말이야. 손재주가 좋은 사람은 화살촉 수백 개를 만들어 주는 대신 고운 가죽을 받기도 했겠지.

농사를 짓기 시작한 뒤 환경이 급격히 바뀌면서 더 다양한 물건이 필요해졌어. 도저히 혼자서는 그 많은 걸 만들 수 없었지. 그래서 도구를 만들고, 옷을 짓고, 병을 치료하고, 신발을 만드는 사람이 따로 생겼어.

재화나 서비스에 대한 가치를 정하는 것은 어려워. 치통을 치료해 주는 일이 얼마만큼의 가치가 있는 일일까? 밀가루 1킬로그램이나 신발 한 켤레면 충분할까? 배 한 봉지는 사과 한 봉지와 가치가 같을까?

결국 이런 문제를 단번에 해결할 수 있는 체계가 만들어졌어. 바로 돈이야!

화폐

화폐는 어느 한 지역에서 특정한 사건을 계기로 발명된 것이 아니야. 여러 지역에서 각기 다른 시점에 만들어졌어.

엄밀히 말하자면 화폐는 그다지 대단한 발명품이 아니야. 하지만 사람들의 사고방식을 크게 바꾸어 놓았지.

초기에는 조개, 보리, 은 같은 물건들이 화폐로 쓰였어. 사람들이 화폐의 값어치에 서로 동의한다면 그 종류가 무엇이든 문제가 되지 않았어.

참, 제2차 세계 대전이 한창일 때 포로 수용소에서는 담배가 화폐로 쓰였어. 그곳에서 담배는 원화, 달러화, 유로화 같은 돈이나 마찬가지였지.

첫 번째 화폐

수메르인은 최초로 화폐를 사용한 사람들이기도 해. 약 5000년 전에 수메르인들은 본격적으로 교역을 시작하면서 보다 쉽게 물건을 사고팔 수 있는 수단이 필요해졌어.

수메르인들은 보리를 화폐로 사용하기로 했어. 그다지 실용적이지 않을 것 같지만, 저장할 수 있는 데다 먹을 수도 있어서 널리 쓰였지.

수메르인들이 보리를 세는 단위는 '실라'였어. 보리 약 1리터가 1실라였는데, 1실라를 정확하게 재기 위한 그릇도 따로 있었기 때문에 누구든 간편하게 값을 치를 수 있었어.

수메르인들이 남긴 점토판에는 당시의 임금 수준도 잘 기록되어 있어. 남자는 한 달 동안 대략 60실라, 여자는 30실라를 벌었다고 해. 이미 5000년 전부터 불공평한 일이 벌어지고 있었던 거야.

한편 공사장의 관리자는 매월 1200~5000실라를 벌었어. 월급으로 받은 보리를 전부 다 먹을 수 없어서, 남은 건 기름, 염소, 과일

이나 노예로 교환했대.

　이 관리자는 남은 보리를 저장할 창고나 별채를 마련해야 했겠지? 마치 요즘에 쓰는 금고처럼 말이야. 문제는 쥐가 창고에 들락날락하면서 보리를 먹어 치울 위험이 있다는 거야. 어쩌면 이때부터 쥐를 잡기 위해 고양이가 인간의 반려동물로 길들여지기 시작했을지도 모르겠네.

　그런데 집 한 채를 사려면 보리를 실은 수레가 몇 대나 필요했을지 짐작이 가? 음, 분명 보리보다 쓰기 편한 화폐가 필요했을 거야.

보리 대신 은!

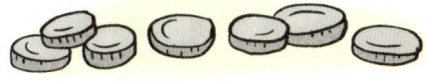

　인류 최초의 문명인 메소포타미아 문명이 시작된 유프라테스강과 티그리스강 유역을 살펴볼까?

　메소포타미아에서는 4000여 년 전에 먹을 수는 없지만 가지고 다니기에 무겁지 않은 화폐가 사용되었어. 바로 은이야. 은 8.33그램을 1세켈이라고 불렀고, 이것이 화폐 단위가 되었지. 1세켈은 오늘날의 값어

치로 따지면 약 300원 정도라고 해.

당시에는 물건 값을 지불하려면 은의 무게를 저울로 측정해서 가치를 평가했어. 무거울수록 더 큰돈인 거야. 화폐가 한 단계 진화한 셈이지.

동전의 등장

그렇다면 동전은 어떻게 탄생했을까? 최초의 동전은 오늘날 터키 지역인 리디아에서 만들어졌어. 2660년 전, 리디아의 알뤼아테스 왕은 동전을 만들고 그 표면에 글자와 그림을 새기도록 했어. 동전에 새겨진 글과 그림은 동전의 무게가 모두 같으며 똑같은 가치가 있다는 증표였지. 물건을 살 때마다 화폐의 무게를 잴 필요가 없어지면서 거래하기가 훨씬 간편해졌어.

정교하게 새겨진 글과 그림 덕분에 동전을 위조하기도 어려웠지. 만에 하나 동전을 위조하다 걸리면 매우 엄중하게 처벌 받았어. 동전의 등장으로 화폐 체계는 점점 더 확실하게 자리잡을 수 있었어.

절대 믿음

다들 동전의 발명이 획기적이라고 여겼어. 특히 군인들이 그렇게 생각했을 거야. 전쟁터에 나갈 때 보리가 가득 든 무거운 자루를 지고 다닐 필요가 없어졌으니까.

동전이 널리 쓰이자 나라에서는 세금 관리가 간편해졌어. 다른 나라와 교역하기도 훨씬 쉬워졌지. 동전은 사람들을 단합시키는 데에도 큰 도움이 되었어.

이제 어떤 신을 믿든, 어떤 언어를 사용하든 중요하지 않았어. 다들 돈에 의지했으니까 말이야. 더 정확하게 말하면 사람보다 돈을 더 믿었지…….

> 너, 내가 스벤을 정말 사랑한다는 걸 아무한테도 말하면 안 돼!

마법 같은 돈

동전은 정말 편리한 도구야. 물건을 살 때 사과로 값을 치르는 것보다 동전을 내는 게 훨씬 편하잖아. 사과는 보관할 때 자리를 많이 차지할뿐더러 오래 보관하면 썩어서 버려야 하지만, 동전은 자리도 차지하지 않고 저축도 할 수 있어.

요즘에는 지갑에 돈을 넣고 다닐 필요도 없지? 계산할 때는 신용 카드나 스마트폰만 있으면 되니, 돈은 그저 은행 계좌에 적힌 숫자에 지나지 않아. 물건을 사고 값을 치르면 여러분 계좌에서 잔고가 줄어들고, 그 금액은 물건을 판 사람의 계좌로 옮겨 가지.

돈의 엄청난 장점은 마법처럼 어떤 물건을 다른 물건으로 바꿀 수 있다는 거야. 그림을 그려 3만 원에 팔면 추리 소설 한 권과 젤리 1킬로그램을 살 수 있어. 아, 치약도 하나 추가할 수 있겠군. 그림 한 점이 책과 어마어마한 양의 젤리, 치약 한 개로 바뀐 셈이야.

그러니까 우리는 지금도 일종의 물물 교환을 하고 있다고 해도 과언이 아니야.

제국의 등장

9000년 전에는 대도시의 인구수가 1만 명 정도였어. 그중 일부는 도시 국가로 발달했지. 도시 국가는 왕과 군대를 갖춘 도시를 뜻해. 시간이 지날수록 도시 국가의 규모는 점점 커졌어. 4000년 전 무렵에는

몇몇 국가가 제국으로 성장하기도 했지.

한 국가를 제국이라고 부르려면 그 국가 안에 각자의 영토, 문화, 언어를 지닌 여러 인종 집단이 있어야 해.

제국을 지배하는 사람들은 늘 더 많은 곳을 정복하고 국경이 확장되길 원했지. 신화에 대한 믿음 하나로 메소포타미아, 중국, 로마 제국과 같은 거대한 제국이 유지될 수 있었다는 사실은 정말 놀라워. 그 믿음이 워낙 강력한 탓에 제국의 백성들이 다른 신을 믿는 사람들을 죽이는 전쟁에 뛰어들 정도였으니까.

대체 전쟁을 왜 일으키는 거야?

다양한 인종 집단을 순조롭게 통치하기 위해서는 모든 사람이 같은 통화와 언어를 사용하고, 같은 법을 따르고, 같은 사상을 믿게 만들어야 했어.

그래서 어떤 지배자는 다른 나라 백성에게 좀 더 나은 삶을 선사하기 위해 전쟁을 치렀다는 명분을 내세웠어. 또 어떤 지배자는 자기네 나라가 가진 지혜와 정의를 널리 알리기 위해 다른 나라에 칼을 들이댔다고 말했지. 자신들이 믿는 신을 믿게 하려고 전쟁을 일으켰다는 지배자도 있었어. 하지만 다른 나라를 침입한 가장 일반적인 이유는 부와 권력을 얻기 위해서였지.

 그런데 자기들이 정복한 나라의 사상과 신념, 문화를 본국으로 가져가 퍼뜨린 지배자도 있었어. 그리스에서 로마로 건너간 그리스·로마 신화가 대표적인 사례지. 문화는 이런 식으로 오가며 한데 뒤섞였어.

통합을 위한 억압

당연히 정복된 지역에 살던 사람들은 자기 나라를 침략한 제국에 불만을 품고 저항했어. 나라를 빼앗긴 사람들의 삶은 어떻게 변할까?

우선 제국에서 믿는 신을 강제로 믿어야 할 거야. 그리고 본래 사용하던 언어도 점점 사라지고, 결국에는 모두 제국의 언어를 사용해야겠지. 사람들이 뒤섞여 언젠가는 하나의 나라가 될 거야.

전 세계가 하나로 통합된다니 엄청 멋지다고 생각하니? 하지만 이런 통합을 위해서는 많은 사람들이 값비싼 대가를 치러야 해. 자신들의

● 로마누스(Romanus)와 술의 한 종류인 럼(rum)의 표기가 유사한 것을 이용한 언어유희

나라는 물론 당연하게 사용해 왔던 언어, 문화, 그리고 자유까지 잃게 되니까.

하지만 제국이 형성되면서 부정적인 영향만 끼친 건 아니야. 제국은 건축과 문화 등을 발전시켰거든. 다른 나라를 침략하여 빼앗은 부와 노동력으로 군대를 키우고, 요새와 성을 보강하기만 한 것은 아니었어. 새로운 도로, 다리, 수도교*를 만들고, 창고와 성당을 건설하고, 예술과 철학을 후원하기도 했어.

* 하천이나 도로 위를 가로지르는 상하수도를 받치기 위해 세워진 다리

하나의 제국

많은 사람들이 2000년 넘게 제국의 통치 아래에서 살았어. 언젠가는 온 세상이 하나의 커다란 제국이 될지도 모르지. 아니, 분명 하나의 제국처럼 될 거야. 모든 국가가 각자의 경제, 법, 문화를 가지고 있지만 함께 힘을 합쳐 해결해야 하는 문제도 많으니까 말이야.

각 나라가 국경선 안에 숨어서 다른 나라를 배타적으로 생각해서는 협력할 수가 없어. 이렇게 다른 나라를 배척하는 생각을 민족주의라고 하는데, 민족주의는 그동안 수많은 전쟁의 주범이었어.

민족주의자들은 그 어떤 것보다 자기 나라를 중요하게 생각해. 다른 인종은 열등하기 때문에 자국민은 다른 인종과 섞여서는 안 된다고 생각하지. 민족주의는 인종 차별주의로 쉽게 변할 수 있기 때문에 조심해야 해.

친구 혹은 낯선 사람

인류는 오래전부터 사람이라면 어떻게 살고, 어떻게 행동해야 하는지에 대해 늘 중요하게 생각했어. 이것을 '윤리'라고 불러. 윤리 의식을 통해 사람들은 각자 무엇이 옳고 그른지 판단할 수 있는데, 이를 '도덕'이라고 하지. 윤리는 종교가 번성하면서 더욱 구체적이고 확실하게 자리 잡았어.

삶의 규범과 이를 표현한 이야기나 그림과 같은 예술은 여러 지역에서 각기 다른 문화로 발전했어. 그중에서도 앞서 말한 '내가 대접받고 싶은 대로 다른 사람을 대하라'는 황금률이 대표적이지. 그런데 안타깝게도 많은 사람들이 낯선 사람, 그러니까 자신의 집단에 속하지 않는 사람을 대할 때에는 이 황금률을 중요하게 생각하지 않아.

이야기를 서로 다르게 해석하는 것도 안타까운 일이야. 그 바람에 한 종교 안에서도 여러 분파가 생겼어. 기독교나 이슬람교도 마찬가지야. 역사상 가장 격렬한 전투는 같은 신, 같은 이야기를 믿는 사람들 사이에 벌어진 싸움이었다는 사실을 알고 있니?

신의 이름으로, 약탈할지어다!

사람들이 자신의 집단에 속하지 않는 이를 어떻게 대하는지 보여 주는 또 다른 사례로는 기독교의 기사를 꼽을 수 있어.

성직자가 부유함과 탐욕은 잘못된 것이라고 말할 때, 이 돈 많은 기사들은 그 말을 귀 기울여 들었어. 하지만 금세 잊고 술과 음식이 끊이지 않는 성대한 축제를 열었지. 기사들은 전쟁을 즐기고, 자신의 명예를 위해 싸우고, 다른 신을 믿는 자들을 가차 없이 죽였어.

기사들은 십자군 전쟁에도 나갔어. 신에게 기도를 드리며 사람들을 죽이고 약탈을 일삼았지. 교회는 기사들이 다른 신을 믿는 사람을 죽이는 게 당연하다고 여겼어. 신의 뜻을 수행한 기사들은 어마어마한 부를 모으는 동시에 성스러운 존재로 추앙받았지.

이와 비슷한 이야기는 다른 문화권과 종교에서도 쉽게 찾아볼 수 있어. 결국 전부 '나는 옳고, 너는 틀렸어'라는 논리야.

• 북유럽과 서유럽 신화에 나오는 궁전

인류와 종교

인류를 단합시키는 데에는 돈과 제국만큼 종교도 큰 역할을 했어. 이 세상에는 그동안 수천 개의 종교가 존재했다는 점을 다시 떠올려 봐. 종교는 오늘날까지도 사회와 사람들이 살아가는 방식에 큰 영향을 주고 있어.

종교는 인류를 한데 묶어 준 한편, 격렬한 전투, 박해, 살인과 전쟁을 일으키기도 했어. 무언가에 대한 믿음이 얼마나 강력하고 무서운 힘을 가지고 있는지 짐작할 수 있지.

그렇지만 최근 종교는 그 중요성을 차츰 잃어 가고 있어. 요즘 사람들은 종교보다 다른 사상과 가치를 믿는 경우가 많거든.

한국어 할 줄 알아요?

지구상에 사는 사람들은 모두 세계 공동체의 일원이야. 먼 옛날부터 존재한 교역과 제국, 그리고 종교 덕분에 말이야. 여기에, 오늘날에는 함께 공유하는 문화도 영향을 끼치고 있지. 공통된 문화는 서로의 차이점을 두드러지게 만들기보다는 공통점을 부각시켰어. 우리는 모두 비슷한 꿈을 품고 있고, 무엇이 옳고 그른지에 대해서도 비슷한 생각을 가지고 있지.

오늘날 기독교를 믿는 사람들은 20억 명이 넘고, 이슬람교를 믿는 사람도 20억 명 정도 돼. 힌두교인은 10억 명, 불교를 믿는 사람은 5억 명 정도야. 유대교를 믿는 사람의 수는 수백만 명에 이르고, 토속 신앙을 믿는 사람도 5억 명 이상이지.

그리고 전 세계에서 영어가 사용되고, 맥도널드는 동네 곳곳에서 찾아볼 수 있어.

혹시 이런 상상해 봤어? 한국의 단군 신화를 믿는 사람이 수십억 명에 달하고, 한국어가 세계 공용어로 사용되고, 세계 곳곳에서 사람들이 따뜻한 김치찌개를 즐겨 먹는다면 어떨까 하는 상상 말이야.

상상 속에서만 존재하는

세상이지만, 세상이 지금 알고 있는 것과 달라질지도 모른다고 생각하면 마구 흥분되지 않아? 미래를 상상할 때 이렇게 가능성을 활짝 열어두면 무척 흥미진진할 거야.

오른쪽, 왼쪽 아니면 직진?

역사의 흐름을 돌아보면 그동안 수많은 갈림길이 있었어. 인류는 그 갈림길을 마주할 때마다 각기 다른 방식으로 새로운 길을 택해 나아갔지.

이미 택한 길에서 뒤를 돌아보기는 쉬워. 하지만 갈림길에 섰을 때는 수백 개의 새로운 가능성을 마주하기 때문에, 길을 선택한 뒤 어떤 일이 벌어질지 정확히 내다보기가 무척 어려워. 그저 먼 미래를 어렴풋이 추측할 뿐이야.

500년 전, 남아메리카 사람들은 해안가에 이상한 옷을 입은 사람들이 배를 타고 몰려드는 것을 봤어. 이때 그 낯선 사람들이 자기네

나라를 아예 없애 버릴 것이라고는 꿈에도 생각하지 못했겠지.

처음으로 밀을 재배하기 시작한 호모 사피엔스는 자신들이 택한 삶의 방식이 훗날 도시, 국가, 문명으로 발전하게 되리라고는 상상도 못 했을 거야.

역사는 처음부터 명쾌하지 않았어. 오히려 혼란스러웠지. 무슨 일이든 벌어질 수 있으니까.

사실 역사를 공부해도 먼 미래에 대해 배울 수 있는 것은 별로 없어. 하지만 우리 인류가 과거에 한 선택이 오늘날 어떤 영향을 미쳤는지는 알 수 있지. 역사를 통해 시야를 확장하면 조금 더 지혜로워질지도 몰라. 몇 발자국 앞을 내다보는 힘이 생기는 거니까.

진실과 거짓말

역사를 공부할 때는 비판적인 태도를 유지해야 해. 왜냐하면 역사는 대부분 권력을 쥔 사람의 입장에서 기록되거든.

과거의 이야기는 주로 상인, 지배자, 성직자에 의해 작성되었어. 침략당한 땅에 살고 있던 원주민의 입장에서 외부인은 그저 재앙에 불과했을 거야. 원주민에게 신에 대

한 믿음을 강요하고 착취하다 끝내 노예로 팔아 버렸으니까. 노예 매매는 아주 오래 전부터 존재했지만, 유럽인과 미국인들이 원주민들의 땅을 침략한 뒤 거대한 산업으로 성장시켰지.

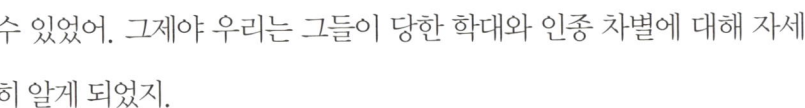

200여 년 전부터 비로소 침략 당한 원주민과 노예들이 자신들의 입으로 역사에 대해 이야기할 수 있었어. 그제야 우리는 그들이 당한 학대와 인종 차별에 대해 자세히 알게 되었지.

그들은 자신의 땅에서 침략자들이 빼앗아 간 선조들의 유물을 돌려 달라고 요구하고 있어.

새로운 갈림길

만약 역사를 바꿀 수 있다면 인류는 더 나은 삶을 살게 될까? 글쎄, 사람들은 자신이 꽤 논리적으로 선택한다고 믿지만, 사실 이해할 수 없는 선택을 할 때도 많아. 역사는 그렇게 여러 갈림길에서 선택에 선택을 거듭하며

진행되었지.

특히 호모 사피엔스가 인지 혁명을 통해 엄청나게 똑똑해졌을 때, 처음으로 농사를 지었을 때, 그리고 교역, 제국, 종교를 통해 여러 나라가 하나로 통합되었을 때 우리는 수많은 갈림길을 지나왔어.

인류는 언어를 사용하고, 글을 쓰고, 계산할 수 있게 되었어. 물건을 구입할 때 사용할 수 있는 화폐도 생겨났지. 한때는 세상의 모든 것, 더 나아가 우리 머리 위에 있는 하늘, 별, 행성에 대해서 모두 안다고 자만한 적이 있었어.

그리고 1500년이 되었을 때, 인류는 다시 커다란 갈림길 앞에 섰지. 이때 벌어진 사건을 바로 '과학 혁명'이라고 해. 과학 혁명은 지금까지 믿었던 거의 모든 것을 전부 뒤흔들어 놓았어.

과학의 등장

500년의 차이

여러분이 11세기에 살았던 한 농부라고 가정해 볼까? 어느 날 밤, 잠이 들었는데 무려 500년 동안이나 깨지 않은 거야! 눈을 떠 보니 1500년인 거지. 온통 정신없고 난장판이야. 콜럼버스의 산타마리아호 선원들이 대서양을 가로지르는 새로운 여정을 한창 준비하고 있어. 이 최신식 배를 보고 여러분은 깜짝 놀랄 거야. 하지만 그밖에 다른 것들은 잠들기 전과 크게 다르지 않아.

다시 산타마리아호에서 잠들었다고 상상해 볼까? 또 500년이나 자 버렸네? 눈을 떠 보니 2000년이야. 자동차에서 울리는 경적 소리, 휴대폰에서 나는 전화벨 소리, 하강하는 비행기 소리가 들려. 잠들기 전에 봤던 것과 비슷한 장면은 거의 없어. 비몽사몽간에 여기가 천국인지 지옥인지 헷갈릴 거야. 주변은 사람들로 시끌시끌해. 잠들기 전에는 전 세계 인구가 5억 명 정도였어. 그런데 눈을 떠 보니, 지구에 약 70억 명이 살고 있는 거야. 500년 전보다 14배나 많아졌어.

1500년에는 인구가 10만 명을 넘는 도시가 많지 않았어. 3층보다 높은 건물도 찾아보기 어려웠고, 도로는 바퀴자국으로 얼룩이 져 있었으며, 저녁이 되면 도시에 어둠이 깔리고 고요함이 맴돌았지. 집 안에서는 램프나 난롯불을 켰고 말이야.

빈틈없는 지도

예전에는 종교가 모든 것을 설명할 수 있고, 성직자들이 우리에게 필요한 것을 모두 알려 준다고 믿었어.

지도 제작자들은 아직 세상에 알려지지 않은 곳을 어떻게 그려야 할지 고민스러울 때, 직접 길을 떠나는 대신 상상력을 펼쳤고 말이야. 그들은 지도에 환상 속에서나 존재할 법한 괴물, 기이한 사람, 높은 산과 화산을 그려 넣었어.

부족함을 인정하기

그런데 1500년이 되었을 무렵, 모든 것을 정확하게 알지 못해도 괜찮다는 인식이 싹텄어. 무지에 대한 인식과 호기심은 새로운 과학으로 향하는 첫 걸음이 되었지.

그리고 많은 사람들이 과거의 환상에 얽매이지 않고, 새로운 지식을 추구하면서 스스로 주변에서 답을 찾으려고 노력했어. 이것이 새로운 과학을 향한 두 번째 걸음이었지.

세 번째 걸음은 지식과 사고력이 발전하기 위해서는 교육이 필요하다는 사실을 깨달은 거야. 스스로 지혜롭지 않다는 사실을 깨달았다니, 꽤 지혜로운데? 인간이 모든 것을 알 수는 없고, 종교 역시 모든 답을 알려 줄 수는 없다는 걸 인정했다니, 정말 놀라운 발전이야.

그때부터 새로 만들어진 지도에는 텅 빈 공간이 생겼어. 이 빈 공간은 당시 사람들에게

반드시 탐구해야 할 영역이 되었지. 이제 세상 모든 것은 무게를 달고, 길이를 재고, 분석하고, 분류해야 하는 대상이 되었어.

책을 찍어 내자!

15세기에는 종이에 글씨를 찍어 내는 기술이 획기적으로 발전했어. 처음에는 종교적인 글만 인쇄했지만, 나중에는 새로운 발견과 사상, 이념을 담은 책도 출간되었지.

이 모든 게 맞물려 과학 혁명이 일어난 거야. 사실 과학 혁명이 일어난 결정적인 이유는 콜럼버스의 실수 때문이지만 말이야.

이미 옛 그리스인들이…

참, 과학 혁명에 대해 말하기 전에 다른 이야기 하나만 할게.

인류 역사에 있었던 다른 변화와 마찬가지로 과학 혁명도 갑자기 툭 튀어나온 것은 아니야. 과학이 잘나가기 1000년 전부터, 사람들은 자연과 인생을 과학적인 방식으로 이해했어. 메소포타미아와 이집트까지 거슬러 올라갈 수도 있지만, 우선 그리스를 주목해야 해.

그리스인들은 자신들이 생각하고 관찰한 바를 잘 기록해 두었는데, 덕분에 우리는 고대 그리스인의 이름이 어떠했는지까지 알 수 있어. 고대 그리스인들은 인간이란 어떤 존재인지에 대해 깊이 생각했어. 철학은 그렇게 탄생한 거야.

그들은 먼 우주를 내다보면서 지구 밖에는 무엇이 있는지, 그것이 지구 주위에서 어떻게 움직이고 있는지도 고민했어. 그러니까 당시 그리스인들은 지구가 우주의 중심이라고 생각했던 거야. 물론 그 가설은 근거가 완벽하지 않았어. 그래서 어떤 사람들은 지구가 태양 주위에서 움직이고 있다는 가설을 세웠지. 하지만 중세 교회에서 이 가설을 마음에 들어 하지 않았기 때문에 다시 지구가 우주의 중심이라는 주장이 힘

을 얻었어. 14세기 초, 코페르니쿠스가 우주의 질서에 대해 말해 주기 전까지 말이야.

　코페르니쿠스는 태양이 중심에 있고, 지구가 태양 주위의 궤도를 돌고 있으며, 이 궤도를 도는 데 1년이 걸린다는 것을 밝혀냈어. 코페르니쿠스의 이러한 발상은 고대 그리스인들의 생각에 기반을 두고 있어.

콜럼버스의 오해

　1492년, 이탈리아의 탐험가 크리스토퍼 콜럼버스가 인도로 가는 지름길을 찾기 위해 닻을 올렸어. 당시에는 유럽에서 인도까지 가려면 아프리카 대륙을 남쪽으로 빙 둘러서 가는 방법뿐이었어.

　그런데 콜럼버스는 지구가 둥글다고 믿었기 때문에 서쪽으로 가면 훨씬 더 빠르게 인도에 닿을 수 있다고 생각했지. 스페인의 국왕 이사벨 1세는 콜럼버스에게 탐험에 필요한 비용도 마련해 주었어. 국왕도 인도로 가는 빠르고 편리한 바닷길에 분명 관심이 있었던 모양이야.

하지만 당시 지도에는 치명적인 문제가 있었어. 사실 유럽에서 대서양을 가로질러 인도까지 가려면 대륙을 하나 지나야 하는데, 당시에는 그 대륙의 존재를 잘 몰랐기 때문에 지도에서 빠져 있었던 거야.

몇 달을 항해하던 콜럼버스는 1492년 10월 12일, 드디어 한 섬에 다다랐어. 사실 그 섬은 아메리카 대륙의 일부였지만, 콜럼버스는 인도라고 착각했지. 그래서 그곳에 사는 사람들은 인디언, 그 섬은 서인도 제도라 불리게 되었어.

신대륙 발견

역사에서는 정복자가 모든 걸 결정한 탓에 일을 그르친 사례를 흔하게 찾아볼 수 있어. 정복당한 사람들은 입도 뻥긋할 수 없었지. 콜럼버스는 지구에 오로지 유럽, 아시아, 아프리카 대륙만 있다고 생각했어. 남아메리카 해안까지 수차례 항해했는데도, 그 대륙이 인도가 아닐 수 있다는 의심은 단 한 번도 하지 않았지.

세상에, 신대륙을 발견하고도 자신이 이런 엄청난 일을 해냈다는 걸 몰랐다니! 이미 모두가 알고 있는 나라까지 가는 지름

길을 발견하는 것보다 그동안 아무도 몰랐던 신대륙을 발견한 게 더 대단한 일이잖아.

콜럼버스의 신대륙 발견은 사람들이 세계를 바라보는 관점을 크게 바꾸어 놓았어. 지금까지 잘 알고 있다고 생각했던 세상이 하루아침에 낯선 곳으로 바뀐 셈이니까.

잘 알려지지 않은 사실

사실 유럽에서 아메리카 대륙의 존재를 아는 사람이 하나도 없는 건 아니었어. 이미 500년 전에 북유럽 지역에서 활동하던 사람들이 아메리카 대륙을 발견해서 '빈란드'라는 이름까지 붙였는걸? 포르투길 어민들도 대서양을 가로질러 북아메리카 대륙 연안으로 가 물고기를 잡기도 했대.

과학 혁명의 시작

과학 혁명은 아메리카 대륙의 발견에서 시작되었어. 새로운 시대를 맞은 연구자들이 직접 탐험과 탐구에 나서면서 추측과 상상으로만 빛

은 과거의 지식은 산산 조각이 나 버렸어.

정복자가 새로운 지역을 통치하려면 우선 그 지역의 지형, 기후, 식물, 동물, 인종, 언어, 문화 등 알아야 할 것들이 많아. 새롭게 탐구해야 할 것이 늘어나자 과학자들은 팔을 걷어붙였어. 아프리카와 아메리카 대륙을 연구하기 위해 태평양과 인도양을 항해했지.

여러 나라들은 무역을 하기 위한 교역망을 만들고, 지구 반대편 저 멀리 떨어진 곳까지 식민지를 건설하기도 했어.

식민지

인류가 무역을 시작한 이래 식민지는 항상 존재했어. 한 국가가 국경선 너머에 있는 다른 나라를 통치할 때, 지배받는 나라를 식민지라고 해. 과거에는 페니키아와 그리스가 무역을 하기 위해 지중해로 진출하며 식민지를 개척했고, 로마의 식민지에서는 로마 군인과 군인의 가족들이 살았지.

16세기부터 19세기까지 유럽인들은 무역, 광산 채굴, 농업을 번성시키기 위해 본국에서 멀리 떨어진 나라에 자리를 잡고 정착했어. 이를 식민주의라고 하는데, 앞에서 본 제국들이 했던 활동과 비슷하지? 제국의 경우에는 이런 경향을 제국주의라고 불러. 식민주의와 제국주의는 비슷한 개념이야.

유럽의 왕들은 세계 곳곳에 식민지를 늘리는 데 혈안이 되어 원정대에 자금을 지원하며 멀리멀리 파견을 보냈어. 식민지 원정은 점점 더 속도가 붙었고, 원정대는 새로운 땅을 점령한 뒤 그곳이 자신들의 식민지라고 선언했어. 당시 아프리카의 일부 지역도 그렇게 하루아침에 프랑스 땅이 되어 버린 거야.

지식, 종교 그리고 무기

유럽 국가들은 점점 더 많은 땅을 손에 넣었어. 식민지 원정을 하기 위해 나서는 배는 점점 크고 빨라졌지. 배는 멀리 항해할 수 있을 뿐만 아니라, 최신식 무기도 싣고 있었어. 방해하는 세력을 만나면 바로 공격할 수 있도록 말이야.

스페인, 포르투갈, 영국, 프랑스를 비롯한 여러 유럽 국가는 식민지를 늘리며 제국으로 성장했어.

침략자들은 가는 길목마다 마주치는 모든 원주민에게 자신들의 신과 법과 규범에 복종하도록 강요했어. 금, 보석, 목재, 광물이나 값어치가 나가는 물건을 발견하는 족족 빼앗고, 원주민을 노예로 부렸지. 심지어 면역력이 없는 원주민에게 질병을 옮겨 많은 사망자를 내기도 했어.

세계를 탐험하겠다는 포부는 좋았지만, 원래 살던 사람들을 착취하고 자유를 빼앗다니, 과학 혁명이 꼭 인간을 더 나은 존재로 만들어 주기만 한 건 아닌 것 같아. 모든 사람은 동등하다는 생각이 싹트기까

지는 꽤 오랜 시간이 걸렸어.

그런데 세계 곳곳으로 뻗어나간 사람들 대부분이 유럽인이라는 사실은 좀 기묘하지 않아? 어쩌면 교리를 전파하는 데 몰두해 있었던 기독교가 어느 정도 영향을 주었을지도 모르겠군.

서쪽으로 진출한 중국

중국 사람들은 1405년부터 1433년까지 인도양을 일곱 번이나 항해했어.

배 300척에 선원과 군인 3만 명을 태우고 항해한 적도 있었지. 정말 어마어마하게 큰 배였어. 배 한 척에 1000명씩 탄 셈이야. 인도를 찾아 나섰던 콜럼버스 원정대가 배 세 척에 선원 120명을 태우고 출발했던 것과 비교하면 얼마나 규모가 컸는지 짐작이 가지?

중국 사람들은 스리랑카, 인도, 아라비아반도, 동아프리카를 방문했어. 여러 나라에게 조공을 받고 중국의 위력을 널리 알릴 셈이었지. 하

지만 영토 확장에 열을 올리던 중국의 황제가 죽고 새로운 지도자가 나타나자, 중국은 더 이상 원정을 나서지 않았어. 그 많던 배는 폐기되었고, 해양 관련 지식도 거의 다 잊혀졌지. 새 황제는 국내 정치에 온전히 집중했어. 엄청나게 넓은 자기네 제국을 다스리는 것만으로도 충분했던 거야.

안녕, 뺏으러 왔어!

당시 유럽 국가들은 만족할 줄 몰랐어. 새로 찾은 해안마다 국기를 꽂고 자기네 땅이라고 주장하는 데 혈안이 되어 있었지. 유럽은 이런 식으로 계속해서 식민지를 점령해 나갔어.

1517년 무렵, 스페인 사람들은 신대륙 한가운데에 거대하고 부유

한 나라가 있다는 얘기를 들었어. 바로 오늘날 멕시코에 해당하는 지역이야. 그로부터 4년 후, 스페인은 이곳의 아즈텍 왕국을 함락시켰어. 10년 후에는 남아메리카의 잉카 왕국도 점령했어. 찬란했던 고대 문명은 스페인 왕국의 손에 끝이 나게 된 거야.

스페인 사람들은 카리브해에 있는 섬 대부분을 식민지로 삼았어. 그 섬에 살던 원주민은 모두 농작지와 광산으로 끌려갔고, 거역하는 사람은 무참하게 죽임을 당했지.

불과 20년 만에 카리브해 연안에 살던 원주민은 대부분 사라졌지만, 정복자에게 그건 그다지 큰 문제가 아니었어. 아프리카에서 노예를 데려오면 그만이었으니까. 유럽 사람들은 늘 그렇듯이, 그 모든 것이 신의 뜻이라고 생각했대. 오, 주여!

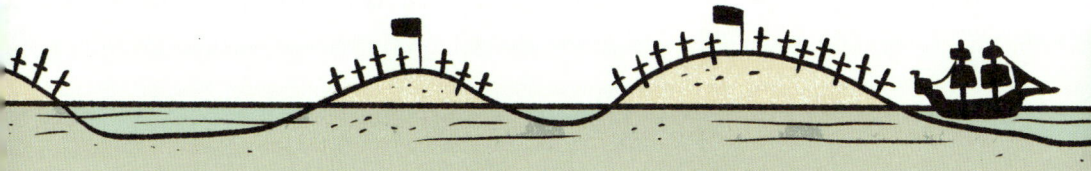

아시아의 시대

아시아 제국의 지배자들은 유럽이 신대륙을 발견했다는 사실을 알고 있었어. 하지만 유럽이 식민지를 모으는 데 한창 열을 올리던 것과 달리, 인도나 중국 같은 나라들은 아예 신경도 쓰지 않았어.

1602년이 되어서야 중국판 세계 지도에 아메리카 대륙이 처음 그려졌을 정도였지. 그나마 이 지도도 유럽 출신의 기독교 선교사가 제작한 것이었어.

훗날 유럽은 식민지에서 축적한 부를 훗날 동쪽, 그러니까 아시아를 정복하는 데 쏟아 부었어. 프랑스와 영국은 자기네들끼리 중동 지역의 국경을 정하며 시리아, 레바논, 이라크 등 여러 나라를 나누어 가졌어. 그들의 언어, 문화, 종교, 역사에 대해서는 전혀 고려하지 않은 채로 말이야. 오늘날 중동 지역에서 발생하는 많은 문제가 사실은 이때부터 시작된 거야.

신을 짐칸에 싣고

새로운 지식과 발견이 쏟아졌지만 유럽에서는 여전히 교회의 위세가 대단했어. 게다가 교회는 아주 부유했기 때문에 성직자들도 신대륙을 찾는 여정에 함께할 수 있었지.

유럽은 새 땅을 정복할 때마다 그곳에 자신들의 문화와 종교를 퍼뜨리고 싶어 했어. 하지만 그보다 더 중요한 것은 그곳에서 나는 목화, 비단, 커피, 차, 담배, 귀금속, 기름과 같은 재화를 확보하는 일이었지.

침략자의 입장에서는 종교를 이용하는 것이 나쁠 게 없었어. 신의 뜻이라는 핑계로 원주민에게서 세금을 짜낼 수 있었거든. 신은 인류를 구원한다고 하잖아. 분명 원주민들은 세금을 뜯기면서도 정복자와 그들이 섬기는 신이 자신들을 구원하러 오다니 정말 친절하다고 생각했을 거야.

게다가 원주민이 정복자가 따르는 신을 믿기만 하면 굳이 죽일 필요가 없으니, 현명한 선택이기도 했지. 원주민을 노동력으로 활용할 수 있었으니까.

저항이다!

유럽 국가들은 300년 동안 태평양과 대서양의 나라들, 그리고 오세아니아를 다스렸어. 원주민들은 거의 저항하지 않았지. 오히려 그동안 벌어진 전쟁은 대부분 유럽 국가들 간의 싸움이었어.

1900년대에 들어서야 처음으로 식민지 사람들이 유럽에 대항해 일어났어. 저항은 대부분 성공적이었지. 피지배자들이 겪은 불평등과 이에 맞선 싸움이 전 세계에 널리 알려진 덕분이야. 이런 소식은 신문과 책, 라디오를 통해 확산되었고, 나중에는 텔레비전을 통해 송출되기도 했어.

이런 사실이 전 세계로 알려지면서 식민지에 대한 폭력은 더 이상 지속될 수 없었어. 핍박받던 식민지 사람들은 멀리 떨어진 나라의 사람들로부터 지지를 받았어. 기자, 작가, 사진가, 영상 제작자 등 언론이 사명감을 갖고 이들의 사정을 취재하고 알리지 않았다면 불가능한 일이었지.

이후 식민지의 사람들은 자유를 얻었지만, 오늘날에도 그때의 상처는 여전히 남아 있어.

남태평양에는 뭐가 있을까?

영국 선장인 제임스 쿡은 1700년대 말, 탐험 길에 올랐어. 쿡 선장의 임무는 당시 유럽 사람들에게 아직 알려지지 않은 지역을 탐사하는 것이었지.

비용이 무척 많이 드는 원정이었던 만큼 여러 분야의 학자들도 쿡 선장과 함께 떠났어. 그중에는 동식물 전문가, 천문학 및 지리학 전문가, 민중 생활과 약학 전문가도 있었어. 여기에 기록을 담당하는 화가와 원정대를 보호하는 군인도 함께했지.

원정대는 남태평양을 빙 둘러 호주와 뉴질랜드를 방문한 후, 2년 뒤에 다시 런던으로 돌아왔어. 낯선 땅에 대한 어마어마한 정보를 가득 싣고 말이야. 이 정보는 사람들의 호기심에 불을 지폈어. 이후 영국 밖으로 나가 새로운 땅을 찾고 싶어 하는 사람들이 크게 늘었어.

한 가지 의문스러운 점은 원정대가 방문했던 많은 곳들이 이후에 식민지로 전락해 버린 거야. 그래서 원정대가 순수하게 학문적인 호기심으로 탐험에 나선 것인지, 아니면 군사적인 목적이 있었는지 딱 잘라 말하기는 어려워.

침략자들이 지나간 자리

유럽 사람들은 원정을 떠난 뒤 어디를 가든 그곳에 사는 사람들을 밀어내고 사냥터, 낚시터, 경작지, 광물과 보석을 빼앗았어.

유럽 사람들이 공격적으로 밀려들었을 때, 아메리카 대륙에서 살아남은 원주민은 아주 극소수에 불과했어. 그나마 목숨을 부지한 사람들은 그들이 옮긴 질병 때문에 죽었지.

비슷한 일이 전 세계 곳곳에서 일어났어. 가장 큰 피해를 입은 곳은 호주의 태즈메이니아야. 서구 사람들이 침략해 들어온 이후 살아남은 태즈메이니아 원주민은 단 한 명도 없었어.

북유럽이라고 해서 사정이 나은 것은 없었어. 북유럽 사람들은 북유럽의 원주민인 사미족을 억압했어. 그들은 사미족의 땅을 거의 다 빼앗다시피 했고, 자신들의 언어와 문화, 종교를 받아들이라고 강요했어. 정말 슬픈 역사야.

찰스 다윈

찰스 다윈은 1831년에서 1836년까지 비글호를 타고 전 세계를 돌아다녔어. 이 탐험의 목표는 남아메리카 해안 지도를 정교하게 그리는 것이었지. 다윈은 항해를 하는 동안 동물과 식물에 대해 많이 배우고, 배 안에 있는 도서관에서 공부하고, 현장에서 연구를 하기도 했어. 바다에서 5년을 보내면서, 다윈은 여러 가지 아이디어를 떠올렸어. 나중에 이를 묶어 한 권의 책으로 냈는데, 그 책이 바로 유명한 《종의 기원》이야. 이 책에서 다윈은 인류와 원숭이의 조상이 같았다고 주장했어.

당시 사람들에게 다윈의 발상은 아주 충격적이었어. 그래도 그런 생각을 하는 사람이 다윈 혼자는 아니었어. 칼 폰 린네는 다윈보다 100년이나 앞선 시기에 인류를 영장류로 분류했거든.

강력한 권력을 쥔 교회에서는 이런 대담한 발상에 강력하게 반발했어. 신의 아들인 인간이 미개한 원숭이와 뿌리가 같다는 건 엄청 혁명적인 생각이었으니까 말이야.

더 나은 삶

사람들이 국경 너머로 진출해 다른 나라를 침략한 것은 부와 권력 때문이었어. 한마디로 말하자면 탐욕스러웠기 때문이지. 탐욕이 아니었다면 콜럼버스는 결코 출항하지 못했을 거야. 아무리 그래도 부와 권력을 얻으려고 토착민들을 위기로 내몰았다는 사실은 생각만 해도 끔찍해.

식민지 원정에 함께 나선 학자들은 원주민의 생활상을 남기고, 그들이 사용한 언어와 문자를 기록했어. 또 동식물의 생태와 종교, 문화, 전통에 대해서도 기록했지. 이런 기록은 당시 생활상을 세세하게 파악할 수 있는 좋은 자료지만, 당시 원정대는 그 기록을 다 마친 뒤에 원주민들을 모두 죽여 버렸을지도 몰라.

제국은 계속해서 새로운 지식을 축적하며 더욱 강력해졌고, 사회와 사람들의 삶을 발전시켰어. 약, 백신, 의술과 같은 지식 덕분에 우리는 보다 오래 건강한 삶을 살 수 있게 되었지.

삶이 나아지면서 인류는 서로를 새로운 시선으로

보기 시작했어. 우리는 새로운 정체성을 갖게 되었고, 그날 먹을 음식 말고도 좀 더 고차원적인 것들에 대해 생각할 시간과 기회가 생겼지. 인간은 각자 고유한 존재인 개인으로 거듭났어.

점점 더 멀리 뻗어 나가는 유럽

제국주의는 그저 다른 곳을 침략하는 것을 말하는 게 아니야. 제국주의는 경제적인 힘이기도 해. 부를 이용해 자기 영토보다 더 큰 구역을 다스리는 것이지.

제국주의를 통해 서구의 생활 방식과 사회를 조직하는 체계가 세계 곳곳에 자리 잡았어. 하나의 문화가 이렇게 널리 퍼지고 다른 문화보다 강력하게 작용하는 것이 신기하지 않니? 이 과정에서 영어가 전 세계의 공용어가 되면서 사람들 간의 의사소통이 원활해졌어. 거의 모든 나라에서 축구를 한다는 것도 아주 멋진 일이야. 민주주의나 성평등 같은 개념이 전 세계에 퍼진 것도 더할 나위 없이 좋은 점이고.

돈, 인간, 우리의 미래

자본

발명과 발견을 하기 위해서는 프로젝트의 성공을 믿고 투자해 줄 사람이 필요해. 물론 투자자는 투자한 돈보다 더 많이 돌려받기를 원하겠지만, 이런 게 자본주의의 작동 방식인걸.

자본이란 돈은 물론이고, 집, 숲, 토지, 예술품, 보석 등 소유한 물건을 뜻해. 물건을 사고 값을 치를 때 사용할 수도 있고, 더 많은 돈을 벌어들이기 위한 수단으로 활용할 수도 있어.

상품을 만드는 데 필요한 노동력도 자본이 될 수 있어. 노동자들은 자신의 노동력을 구입한 사람에게 자신의 시간, 근력, 창의력을 파는 거야.

불어나는 돈

여러분이 물건을 사면서 내민 돈은 그 물건을 만든 기업으로 흘러들어 가. 그리고 그 돈은 직원들의 월급과 임대료, 기계나 원자재 구입비 등 물건을 만드는 데 필요한 비용으로 사용되지. 아, 물론 전부 비용으로 나가는 것은 아니야. 비용을 지불하고 남은 돈은 이윤이 돼. 이윤이 쌓이면 자본이 늘어나지.

이런 과정을 바로 '성장'이라고 해. 물건이 많이 팔리면 기업의 이윤도 커지고 일자리도 늘어나. 기업은 이윤을 다시 투자해 새로운 제품을 만들어 낼 수 있지. 기업은 성장을 추구하기 때문에 보다 좋은 제품을 만들기 위해 연구와 개발에 투자를 하기도 하지.

사람들은 성장을 통해 미래에 대한 믿음을 키웠어. 큰 이윤을 가져다 준 발견과 발명 덕분에 새로운 아이디어에 기꺼이 투자할 수 있는 거야.

투자

예전에는 사업을 시작하려면 반드시 자본을 갖고 있어야 했어. 하지만 가능성에 투자하고자 하는 사람들이 생기면서 지금 당장 내 손에 자본이 없어도 사업을 시작할 수 있게 되었지. 은행에서도 성공 가능성이 높은 프로젝트에는 기꺼이 돈을 빌려줘.

콜럼버스가 대서양을 건널 때도 마찬가지였어. 스페인의 국왕 이사벨 1세는 인도로 가는 지름길을 찾을 수 있다고 장담한 콜럼버스를 믿었어. 그래서 배를 만드는 비용은 물론, 선원을 채용하고 필요한 물품을 모두 구입할 수 있도록 후원하며 불확실한 모험에 힘을 실어 주었지.

여러분도 혹시 깜짝 놀랄 만한 아이디어가 있니? 그 아이디어를 실현시키기 위해서는 돈이 필요할 거야. 그렇다면 다른 사람들도 그 아이디어가 훌륭하다고 여길 만큼 잘 다듬어서 자본을 투자하도록 만들면 돼.

물론 투자에는 항상 위험이 뒤따르지. 자신만만하게 시작한 프로젝트가 실패할 수도 있거든. 혹시 프로젝트가 실패해서 아무런 이득을 얻지 못했더라도, 투자 받은 돈은 돌려줘

안녕! 인도에 잘 갔다 와요!

물론이지요! 저는 꼭 인도에 갈 겁니다!

야 해. 할 수만 있다면 말이야. 그러니까 사실 투자의 위험은 돈을 빌려준 사람은 물론 당사자도 감수해야 하는 문제야.

근력, 풍력, 수력

어떤 것을 만들 때는 힘이 필요해. 인류가 가장 먼저 사용한 힘은 인간과 동물의 근력이었어.

처음에는 곡물을 갈아 가루로 만들 때 인간이 직접 맷돌을 돌렸어. 나중에는 소가 인간 대신 맷돌을 돌렸지. 훗날 더 똑똑해진 인간은 바람과 물의 힘을 빌려 맷돌을 움직였어. 바람은 풍차의 날개를 돌렸고, 폭포수가 물레방아를 돌렸어. 이것을 풍력과 수력이라고 불러.

풍차와 물레방아는 오늘날 전기 에너지를 생산하는 풍력 발전소와 수력 발전소로 발전했어. 전기 에너지는 냉장고부터 지하철과 공장을 돌리는 데까지 널리 이용되고 있지.

증기 기관

바람과 물에서 얻은 에너지를 동력으로 전환하는 데 성공하면서 산업 혁명이 일어나게 되었어. 그때 증기 기관이 등장했지.

주전자에서 물이 끓는 장면을 본 적 있다면 증기 기관이 어떻게 작동하는지 이해하기 쉬울 거야. 주전자 안에서 물이 부글부글 끓으며 생긴 증기는 뚜껑을 들썩이게 만들어. 증기 기관은 이런 원리를 이용해서 작동하지. 석탄을 때어 불을 지피면 물이 끓어오르고, 이때 발생한 증기가 실린더 안에 있는 피스톤을 밀어 움직이는 거야. 증기의 움직임이 모터의 기계 동력으로 전환되는 셈이지.

초기의 증기 기관은 광산 지하에서 흘러나오는 지하수를 뽑아내는 용도로 사용되었어. 나중에는 직물 공장에서 어마어마하게 커다란 방직기를 돌리는 데 사용되다가, 마침내 증기 기관차와 증기선이 만들어졌지. 덕분에 사람과 물건이 전 세계를 보다 쉽게 오갈 수 있게 되었어.

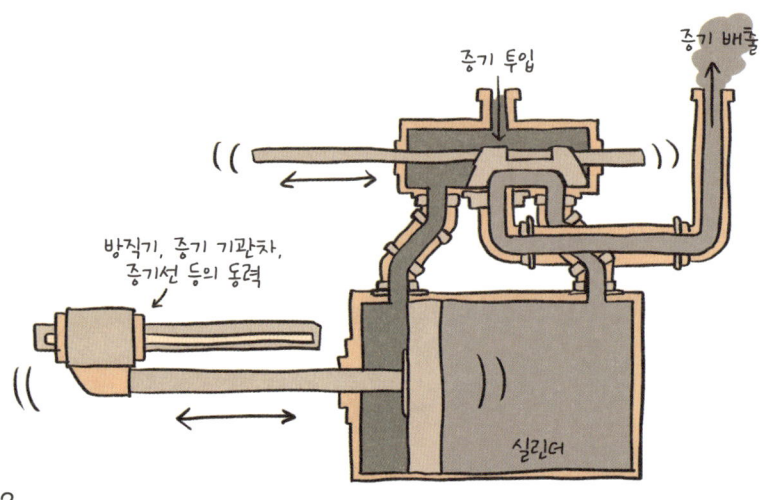

기계가 빽빽하게 들어선 거대한 공장도 세워졌어. 이제 사람들은 훨씬 더 많은 물건을 더욱 빠르게 만들어 낼 수 있게 되었지.

그런데 한 가지 문제가 있었어. 바로 증기 기관의 원료가 석탄이라는 점이야. 석탄은 화석 연료 중 하나인데, 화석 연료는 수백만 년 전 지구에 존재했던 생물의 잔해를 이용한 연료를 말해. 이러한 화석 연료는 태울 때 환경을 오염시키는 매캐한 연기가 나와.

화석 연료가 환경을 오염시키고 어마어마한 양의 이산화탄소를 발생시킨다는 것은 널리 알려진 사실이지만, 안타깝게도 아직까지 가장 많이 쓰이고 있어.

태양의 힘

화석 연료에 비해 태양 에너지는 훨씬 친환경적이야. 태양 에너지라고 하면 꽤 현대적으로 느껴지지? 하지만 사실 태초부터 이용한 에너지야. 태양은 항상 빛을 내리쬐며 식물을 기르고 열매를 맺게 했지. 인간은 그 열매를 먹고 살아갈 힘을 얻었고 말이야. 태양 에너지가 없었다면 지구에는 그 어떤 생명체도 살지 못했을 거야.

이제는 태양의 열과 빛을 이용해 전기를 만들어 필요한 전력을 충분히 공급할 수 있어. 태양 에너지 외에도 바람과 물의 힘을 이용해 고갈되지 않고 환경에 영향을 덜 미치는 방법으로 전기를 만들 수 있어. 이 모든 게 과학의 힘이지. 이제 인간은 환경과 기후에 초래한 문제를 스스로 해결할 때가 되었어.

노동력

공장을 운영하려면 일할 사람이 많이 필요해. 힘을 쓰는 사람뿐만 아니라 머리를 써서 일할 사람도 필요하지. 이렇게 상품을 만드는 데 필요한 육체적·정신적인 능력을 노동력이라고 해. 노동력을 제공하고 돈을 받는 사람을 임금 노동자라고 부르고, 이들에게 일자리를 제공한 사람은 고용주라고 부르지.

산업 혁명 이전에는 많은 사람들이 교외에 살면서 농사를 지어 먹고 살았어. 그런데 각종 농기계가 발명된 덕분에 2차 농업 혁명이 일어난 거야. 농부들은 사람이나 소, 말보다 힘이 센 트랙터를 이용했어.

농부들은 트랙터로 손쉽게 밭을 갈고, 씨를 뿌리고, 수확하고, 곡물이 가득한 마차를 끌고, 숲에서 목재도 실어 왔어. 이 새로운 발명품은 거의 모든 일을 해치울 수 있었지.

하지만 이 탓에 많은 사람들이 일자리를 잃었어. 결국 실직한 사람들은 도시로 이주했지. 마침 공장에는 일손이 필요했고, 집, 다리, 도로를 건축할 사람도 많이 필요했거든. 사람들이 공장과 사무실에 취업했어. 새로 문을 연 가게에서 점원으로 일하기도 했고 말이야. 이렇게 도시가 점점 커지는 반면, 교외에서는 인구수가 점차 줄어들었지.

원자재

상품을 만들려면 자본, 에너지, 노동력 외에 또 필요한 것이 있어. 바로 원자재야.

사람들은 교외에서 원자재를 구했어. 숲에서 나무를 베고, 광산에서 광석을 캐고, 강이나 바다에 수력 발전기를 설치하여 에너지를 얻었지.

먼 곳에 있는 목재와 광물을 운반하기 위해 도시로 이어지는 도로와 철도를 건설했어. 그리고 도시에 전력을 공급하기 위해 기다란 송전선도 설치했지. 인구와 교통망이 도시로 집중되자, 도시는 곧 깜짝 놀랄 정도로 발전했어.

도시에는 없는 것이 없었어. 나라 안에 없는 것은 증기선과 철도를 통해 식민지에서 가지고 왔어. 대표적인 것은 기름과 목화를 꼽을 수 있어.

180도 바뀐 삶

농경 사회에서 산업 사회로 바뀌는 과정은 정말이지 말 그대로 혁명이었어. 산업 혁명은 영국에서 시작해 전 세계로 빠르게 확산되었지.

사냥과 채집을 하던 생활에서 농사를 짓는 생활로 바뀌는 데 수천 년이 걸렸어. 그런데 산업 혁명은 고작 두 세대 만에 벌어진 일이야. 혁명은 빠른 시간 안에 거의 모든 사람의 삶을 획기적으로 바꾸어 놓았지.

산업 혁명 이후 자본, 원자재, 에너지, 노동력이 맞물리면서 대량 생산이 가능해졌어. 인간의 삶을 보다 편리하게 만들고 사회를 발전시킬 제품을 만들고자 하는 욕구가 대량 생산을 이끌었지. 더불어 제품을 저렴하게 생산해서 더 많은 돈을 벌어들일 수도 있었고 말이야.

새로운 현실

한적한 교외에서 살다가 정신없는 도시로 옮겨 와 사는 건 분명 쉽지 않았을 거야. 공장 안에서 커다란 기계를 돌리는 일을 맡았다고 생각해 봐. 귀청이 떨어질 만큼 시끄럽고, 빨리빨리 일해야 하고, 공기는 탁하고 더러웠을 거야. 논밭에서 일하는 것과는 전혀 다른 환경이었어. 많은 사람이 도시 생활에 적응하는 데 어려움을 겪었지.

하지만 분명 교외 생활과 완전히 다른 삶에 훨씬 더 만족한 사람들도 있었을 거야. 도시에는 새로운 사람을 만나고 새로운 것을 배울 기회가 많았으니까. 어쩌면 도시로 나와서 난생 처음으로 돈을 벌고 집이 생긴 사람들도 많았을 거야.

사람들은 함께 일하면서 자신의 권리를 지키기 위해 힘을 합쳐 싸우기도 했어. 고용주와 협상할 수 있는 힘을 키우기 위해 노동조합을 만들기도 했지. 노동 환경을 개선하고 임금을 올려 달라고 파업을 할 때도 있었어.

이런 행동은 새로운 이념과 정치적인 단체를 만들어 내기도 했어.

이념

산업 혁명 이후, 신에 대한 믿음은 점점 약해졌어. 대신 다른 이야기를 믿기 시작했지. 이를테면 자유주의, 공산주의, 사회주의, 자본주의, 국가주의 같은 정치적 이념 말이야.

기독교의 경전은 성경, 이슬람교의 경전은 코란이라고 해. 여러 정치적 이념에도 경전이 있고, 종교와 마찬가지로 열광적인 추종자들이 있어.

각 이념의 추종자들은 그 이념이 세상에 널리 퍼지면 세상이 더 나은 방향으로 변하고 모두 행복해질 거라고 믿어. 때때로 다른 이념을 믿는 사람을 비난하기도 하지.

인본주의

오늘날 대부분의 사람들은 인권과 개인의 자유를 지지해. 이것을 인본주의라고 말해. 인간의 가치를 가장 중요하게 생각하는 사상이야. 모든 인간은 각자 침해할 수 없는 가치를 가지고 있고, 다른 사람의 자유를 침범하지 않는 이상, 누구나 생각하고 싶은 대로 생각할 수 있고, 어

엿한 인간으로 성장할 수 있다는 거야.

　인본주의자들은 다른 사람이 폭력을 당하거나 부당한 취급을 받는 것에 반대해. 이 사람들에게 평등은 굉장히 중요한 가치거든. 모든 인간은 동등한 가치를 지니고 있기 때문에 똑같은 권리를 갖고 의무를 져야 한다고 생각하지. 한편 종교에는 비판적인 태도를 갖고 있어서, 지식은 믿음이 아닌 과학으로부터 나온다고 믿고 있어.

국가와 세금

돈과 정치는 떼려야 뗄 수 없는 관계야. 국가를 유지하고 국민을 보호하려면 돈이 필요한데, 기업과 노동자가 내는 세금으로 그 돈을 마련해.

한 나라에 사는 사람들끼리 공유하는 것이 꽤 많다는 걸 생각해 본 적 있어? 도로, 철도, 병원, 학교, 체육관, 도서관, 미술관 등 세금으로 짓거나 운영되는 시설은 그 사회의 모든 구성원이 공유한다고 보면 돼. 세금은 가난하거나, 아프거나, 늙거나, 장애가 있는 사람들이 보다 나은 삶을 살 수 있도록 보살피는 데도 쓰이고, 부가 한쪽으로 몰리지 않도록 하는 역할도 해. 그래서 재산이 많거나 돈을 많이 버는 사람이 적게 버는 사람보다 세금을 더 많이 내는 거야.

국가의 살림은 세금에 많이 의존하기 때문에, 정책이 부자나 기업에 유리한 방향으로 만들어질 때가 많아. 여러분은 이 문제에 대해 어떻게 생각해?

정치

우리는 정치가 세상을 바꿀 수 있다고 믿어. 정치는 이념과 사상, 농업, 경제, 의료, 교육, 문화, 노동 등 다양한 분야의 지식을 기반으로 함께 살아가는 방법에 대해 논의하는 걸 말해. 정치는 가난하고 약한 사람들의 삶도 보다 나아지게 만들 수 있는 힘을 가지고 있지.

영어로 민주주의를 뜻하는 단어인 '데모크라시(Democracy)'는 '시민이 선출한'이라는 뜻을 가진 고대 그리스어에서 유래했어. 민주주의 국가에서는 국민이 권력을 가지고 있지. 덕분에 일정한 나이가 되면 누구나 정치에 참여하여 국가의 정책과 결정에 영향력을 행사할 수 있는 거야.

정치인과 정당

오늘날 많은 나라가 민주주의를 채택하고 있어. 민주주의 국가에서는 국민들이 국회 같은 정책 결정 기관에서 일할 국민의 대표자를 투표로 선출할 수 있어. 국민들은 몇 년에 한 번씩 선거가 열리면 나라를 가장 잘 꾸려 나갈 만한 정치인과 정당에 표를 던지지.

이렇게 뽑힌 정치인과 정당은 사회가 문제없이 작동하고 있는지, 적절한 법과 규범이 있는지, 세금이 공정하게 분배되고 있는지 살펴보는 역할을 해. 또 국민들이 안전하고 안정적인 삶을 살고, 모두가 공정한 기회를 얻을 수 있도록 노력해. 교육, 의료, 돌봄, 주거, 통신, 일자리 등 사람들의 요구를 충족시키는 것도 정치인과 정당이 해야 할 일이야.

소외받는 사람들

오늘날 우리가 구입하는 공산품은 대부분 매우 낮은 임금을 받는 사람들의 손에서 만들어진 거야. 이런 사람들은 정치인이나 정당, 또는 노동조합이 근무 여건을 바꾸기 어려운 개발 도상국에 사는 경우가 많아.

아프리카와 같은 개발도상국의 일부 국가에서는 어린아이들이 우리가 입는 옷이나 스마트폰을 만들기 위해 노예처럼 일하고 있어. 아이들은 열악한 환경에서 일하며 심각하게 낮은 수준의 임금을 받고 있어. 비록 세계 경제는 계속 성장했지만, 혜택을 가져가는 사람의 수는 점점 줄어들고 있어.

물론 전체적으로 보면 세계의 빈곤은 줄어들고 있어. 더 많은 아이들이 공부할 기회를 얻었고, 굶주린 배를 안고 등교하는 아이들의 수도 점차 줄어들었어. 사람들은 전보다 건강해지고 기대 수명*도 길어졌어.

쇼핑의 시대

대량 생산은 대량 소비로 이어졌어. 가게마다 수많은 상품이 진열되고 사람들은 열심히 물건을 샀어. 자본주의가 제대로 작동하기 위해서는 항상 생산이 늘어나야 해. 그러려면 상품을 사려는 사람도 반드시 있어야겠지? 만약 사는 사람이 하나도 없다면 경제는 붕괴하고 말 거야.

기업들은 계속 새로운 물건을 만들어 냈어. 이런 걸 보면 사냥과 채집을 하며 살던 시절과 크게 다르지 않은 것 같아. 쇼핑은 우리 시대의 사냥이랄까? 쇼핑을 하면 기분이 좋아지고 멈출 수 없잖아.

* 0세 아기가 앞으로 생존할 것이라고 기대되는 평균 기간

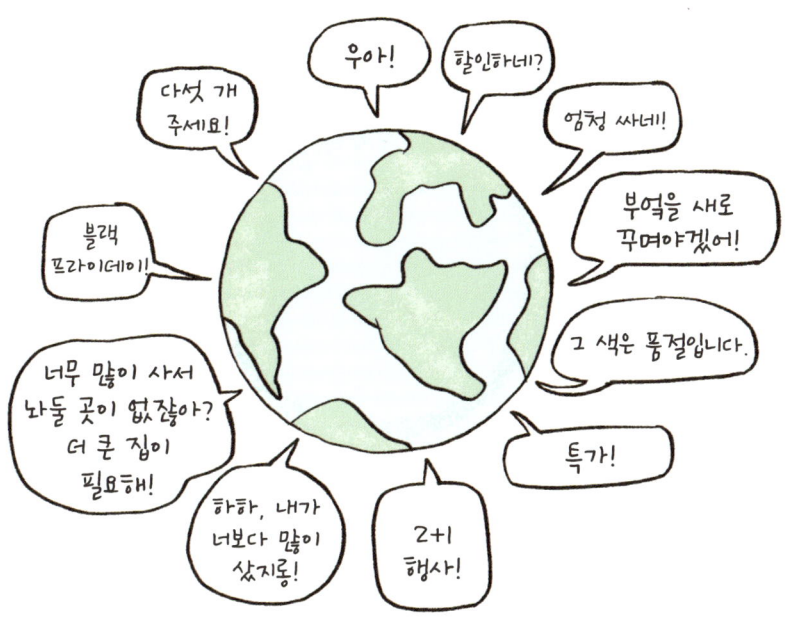

문제는 생산하는 과정에서 원자재, 에너지, 운송 수단, 그리고 공장이 더 많이 필요하다는 점이야. 예전보다 많은 물건을 만들려면 자원이 더 많이 필요해질 거야. 언젠가 모든 자원이 고갈될지도 모르지. 그래서 자원을 재활용하여 상품을 만드는 방법을 연구하려는 움직임이 많아지고 있어. 친환경적인 방식으로 에너지를 생산하는 방법도 개발하고 있고 말이야.

경제 성장이 꼭 좋은 것만은 아니야. 경제가 계속 성장하려면 기업이 생산한 물건을 사람들이 끊임없이 구입해야 하거든. 자원이 바닥나지 않고 환경을 지키려면 이제 우리 사회가 성장이 아닌 다른 무언가를 믿어야 하는지도 모르겠어.

죽음과 영원한 삶

죽음은 항상 불가사의한 주제야. 종교에서는 신이 우리의 수명을 정해 놓았다고 이야기하며, 죽음 이후에 어떤 일이 벌어지는지 각자의 해설을 내놓고 있어. 기독교에서는 현생에서 착하게 살았다면 죽어서 천국에 갈 것이고, 그렇지 못한 자는 지옥에 간다고 하지. 모든 종교는 죽음 이후의 삶에 대해 저마다의 이야기를 가지고 있어.

아주 오래전부터 인류는 죽음을 속일 수 있는 방법이 없을까 고민했어. 영원한 삶을 얻기 위해 다양한 방법으로 노력한 사람들의 이야기도 많이 전해지지. 그렇지만 그중에 성공한 사람은 한 명도 없었어.

영원한 삶을 꿈꾼 자에 대한 이야기는 〈길가메시 서사시〉에서 처음 발견되었어. 〈길가메시 서사시〉는 무려 4000여 년 전에 수메르인들이 점토판 열두 개에 설형 문자로 기록한 문학 작품인데, 전설적인 영웅 길가메시가 죽지 않는 비결을 찾아 헤매는 내용을 담고 있어.

이런 간절한 바람이 드디어 결실을 맺은 걸까? 최근 200년 동안 인류는 예전 같았으면 꼼짝없이 목숨을 잃었을 법한 질병도 예방할 수 있게 되었어. 백신, 약, 유전자 기법, 유능한 의료진 덕분이지. 이에 따라 세대를 거듭할수록 기대 수명이 점점 길어지고 있어.

여러분의 자식들이 150살까지 사는 것은 충분히 가능성 있는 이야기야. 우리의 손자 세대쯤 되면 평균 수명이 150살을 넘어설 수도 있지 않을까?

미래에 우리는?

몇몇 질병만 더 극복하면 영원히 사는 것이 가능하다고 주장하는 학자들도 있어. 유전자 기술이 발전한 덕분에 머지않아 모든 질병을 정복할 수 있다는 거야.

기능을 멈춘 장기나 신체의 일부를 바꿔 낄 수 있는 '예비 부품'도 개발하고 있어. 신장과 심장은 이미 인공 장기로 대체할 수 있고, 보다 섬세한 장기들도 개발하고 있는 중이야.

인공 다리, 인공 팔, 인공 손을 만들 수 있을 뿐만 아니라, 성형 수술도 엄청나게 발전했어. 이제 나이 지긋한 할머니가 엄마처럼 젊은 외모를 가지게 될지도 몰라. 미래에는 외모뿐만 아니라 신체까지 젊어지게 만들 수 있을 것이라 믿는 사람도 있어.

진화 촉발

역사 이래로 인류는 지구 곳곳으로 뻗어 나갔어. 살아남고 번식하기 위해서라면 변화도 두려워하지 않았지. 하지만 불과 얼마 전까지만 해도 진화는 순전히 자연적으로 이루어졌어. 진화를 통해 인류는 변화했지만, 인류가 진화에 영향을 미칠 수는 없었어.

진화는 계속해서 인류를 바꿀 거야. 점점 더 움직이는 시간이 짧아지고 있으니 나중에는 다리가 짧아지고, 오랜 시간 앉아 있어서 엉덩이는 커질지도 몰라. 또 수시로 손 안에서 자그마한 물건을 조작하고 있으니 손가락은 더 기민해지겠지?

아주 오래전에는 인간이 원하는 방향으로 가축을 진화시킬 수 있을 거라고 생각했어. 살찐 암탉을 느린 수탉과 교미시키면 통통한 느림보 병아리가 태어나는 식으로 말이야. 하지만 실제로는 전에 없던 새로운 특징을 부여하는 건 불가능했어. 그래서 가축은 인류에게 도움이 되는 성질은 강화하고, 도움이 안 되는 성질은 퇴화하는 방향으로 진화했지.

또 다른 삶

지금은 유전자 조작을 통해 식물과 동물은 물론, 인간도 바꿀 수 있는 세상이야. 팔다리를 움직일 수 없다면 몸에 인공 팔다리를 달아서 조작할 수 있지. 이 모든 게 보다 건강하고 오래 살기 위한 거야. 인류는 여전히 가능한 오래 살고 싶다는 희망을 놓지 않고 있지. 하지만 '건강한 몸'보다 중요한 것은 '건강한 정신' 아닐까?

전쟁, 빈곤, 질병을 끝내고, 멸종 위기에 처한 동식물과 환경을 보호하는 것도 중요해. 이를 위해 지금도 한창 연구가 진행 중이야.

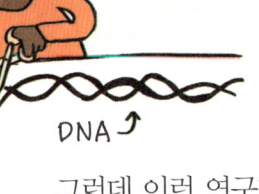

DNA ↑

그런데 이런 연구가 오로지 좋은 목적으로만 사용되고 있을까? 우리는 과연 어디로 나아가고 있는지, 앞으로 어떤 미래가 펼쳐지게 될지 진지하게 고민해야 할 시점이야.

인공 지능

다음 단계는 완전한 인공 장치를 만드는 거야. 로봇 같은 것 말이지. 요즘 여기저기에서 인공 지능에 대해 이야기하고 있어. 지난 몇 년간 컴퓨터에 인간의 뇌를 완벽하게 구현하려는 연구가 진행되고 있어. 이 연구가 성공하면 인간과 똑같이 말하고 생각하는 컴퓨터가 탄생하는 거야. 인류는 앞선 수백만 년 동안의 진화에 그치지 않고, 계속해서 앞으로 나아갔어. 이번에는 인간의 외부에서, 구체적으로 말하자면 컴퓨터에서 진화를 이어가려고 하는 거지.

그동안 많은 학자들이 인간과 똑같이 말하고 생각하는 컴퓨터는 나올 수 없다고 여겼어. 인간에게는 뇌뿐만 아니라 신체도 있기 때문이야. 태양이 내리쬐는 여름날, 잔디가 발바닥을 간질이는 느낌을 아는 몸 말이야. 몸을 통해 우리는 감각을 느끼고, 그 감각을 통해 생각이 바뀌기도 하지.

또 몸에는 기억도 깃들어 있잖아. 배구 경기를 할 때 지난 시합에서 완벽하게 득점슛을 날리던 순간의 기분을 기억해 내는 것처럼 말이야.

이런 감각과 감정을 이진

법으로 작동하는 컴퓨터가 온전히 학습할 수 있을까?

　나는 솔직히 잘 모르겠어. 이건 굉장히 흥미진진하면서도 중요한 문제야. 마침내 수수께끼가 풀리고 완벽하게 인간을 재현한 인공 지능이 발명된다면 우리 호모 사피엔스의 미래에 엄청난 영향을 미칠 테니까.

우리는 더 행복해졌을까?

　지난 500년을 돌아보면 정말이지 많은 일이 일어났어. 어마어마하게 많은 발명품이 만들어졌고, 크고 작은 혁명이 일어났으며, 전 세계 모든 사람들의 삶이 바뀌었지. 그런데 우리 인간은 예전보다 더 행복해졌을까?

　인간이 예전보다 더 우수한 능력을 갖고, 똑똑해진 것은 분명해 보여. 덕분에 풍요로운 삶을 누릴 기회는 더 커졌지. 이 기회는 분명 인간을 어느 정도 행복하게 만들어 줬을 거야.

　인류가 사냥과 채집을 하며 힘겹게 뛰어다니는 대신 농사를 짓겠다고 선택한 이후, 더 이상 먹을거리를 찾아 숲과 평야를 헤맬 필요가 없었어. 하지만 식량을 얻기 위해서 이전보다 더 오랜 시간 동안 일해야 했지. 몸을 혹사시킨 탓에 자주 질병에 걸리기도 했어.

　이제 힘든 일은 대부분 기계가 대신해 주고 있어. 광산에서는 드릴과 굴착기가 구멍을 뚫거나 광물을 캐내고, 공장에서는 로봇이 사람 대신 바삐 움직이지. 몸을 혹사시키는 일은 점점 줄어들고 있어. 하지만 로봇이 등장한 뒤 많은 사람들이 일자리를 잃기도 했어.

실업자가 되면 생계를 유지하기 어려워질 뿐만 아니라 심리적으로도 안 좋은 영향을 받아. 직업이 없으면 직장 동료와 어울리지 못해 소외감을 느끼고, 사회적 트렌드를 놓치기도 쉽거든. 그러다 보면 스스로 가치 없는 사람이라 여길 때도 생길 거야.

오늘날 굶어 죽는 사람은 전보다 줄어들었고, 더 많은 사람들이 자유로운 삶을 누리고 있어. 하지만 여전히 사회적 계급이 존재하고, 기후 위기, 불평등, 억압, 전쟁은 세계 곳곳에서 일어나고 있어.

다시 한번 물어볼게. 수천 년에 걸쳐 얻은 지식과 능력 덕분에 인류는 더 행복해졌을까? 음, 그런데 과연 행복이라는 것을 측정할 수 있기는 할까?

원한다면 할 수 있어요!

인류가 오늘날과 같은 모습, 그러니까 호모 사피엔스가 된 지 30만 년이 지났어. 이 세월 동안 인류는 먹이 사슬의 맨 꼭대기에 올라 온 세상을 발아래 두고 살았지. 우리는 서로를 한데 묶어 주는 이야기를 만들어 냈고, 사회와 국가를 세웠어.

문화는 항상 확산되고 융합되고 있어. 매일매일 우리는 서로에 대해 더 많이 배우고, 전 세계 사람들과 점점 더 많은 경험과 생각을 나누고 있지.

한편 전보다 똑똑해졌음에도 우리는 여전히 다른 동식물을 멸종 위기로 내몰고 있어. 태초부터 그러긴 했지만, 최근에는  걷잡을 수 없을 정도로 속도가 빨라지고 있다는 게 문제야. 동시에 새로운 종을 발견하기도 했어. 대표적인 사례로 수백 종의 나비를 꼽을 수 있지. 하지만 아직 우리가 지구를 온전히 탐사했다고 말할 수는 없는 수준이야.

이제 인류는 세계 일주뿐만 아니라 우주여행도 할 수 있어. 크고 작은 질병들을 치료할 수 있고, 시험관 시술로 새 생명을 만들어 낼 수도 있어. 어쩌면 머지않아 유전자 복원 기술로 멸종한 종을 되살릴 수 있을지도 몰라.

이제 우리는 어떻게 하면 영원한 삶을 살 수 있을까보다는, 우리 주변에서 벌어지는 일에 더 관심을 기울일 때야. 인류는 인공 장기까지 만들며 신의 영역을 넘보고 있지만, 환경을 너무 많이 파괴한 나머지 더 이상 지구에서 살 수 없게 될 날이 올지도 모르거든.

지혜로운 호모 사피엔스는 서로 협력하는 법을 알고 있었어. 그러니 우리도 서로 힘을 합쳐 우리 앞에 놓인 문제들을 해결할 수 있을 거야. 분명 갈등이나 가난, 끔찍한 전염병, 그리고 환경 파괴와 기후 변화에 대한 해결책을 찾을 수 있을 거라고 믿어. 우리는 '지혜로운 인간'이니까.

10대를 위한 사피엔스
한 번에 정리하는 인류 문명의 역사

지은이 벵트 에릭 엥홀름 | **그린이** 요나 비에른셰르나 | **옮긴이** 김아영
펴낸날 2021년 4월 29일 초판 1쇄, 2025년 10월 5일 초판 10쇄
펴낸이 신광수 | **출판사업본부장** 강윤구 | **출판개발실장** 위귀영
아동인문파트 김희선, 박인의, 설예지, 이현지 | **출판디자인팀** 최진아, 당승근
출판기획팀 정승재, 김마이, 박재영, 이아람, 전지현
출판사업팀 이용복, 민현기, 우광일, 김선영, 이강원, 허성배, 정유, 정슬기, 정재욱, 박세화, 김종민, 정영묵
출판지원파트 이형배, 이주연, 이우성, 전효정, 장현우
펴낸곳 (주)미래엔 | **등록** 1950년 11월 1일 제16-67호 | **주소** 서울특별시 서초구 신반포로 321
전화 미래엔 고객센터 1800-8890 팩스 541-8249 | **홈페이지 주소** www.mirae-n.com

ISBN 979-11-6413-565-3 73900

*책값은 뒤표지에 있습니다. 파본은 구입처에서 교환해 드리며, 관련 법령에 따라 환불해 드립니다.
 다만, 제품 훼손 시 환불이 불가능합니다.

KC 마크는 이 제품이 공통안전기준에 적합하였음을 의미합니다.
사용 연령: 8세 이상